納得する日本史

〈古代史篇〉

鷲田小彌太

「異端」かつ「正道」をゆく

言視舎

序

1 「歴史」には「作者」がいる。

歴史は「作家」が作る。単数、複数を、有名、無名を問わない。おこがましくも、わたしもその「ひとり」になりたい、と思ってきた。ただしわたしの場合、中心が「思想」の歴史、特に「哲学」の歴史であったが、これも立派な「歴史」である。ただし、恩師の谷沢永一先生には、ときに触れて、「哲学はイデオロギーだ、空無じゃないの?」と一蹴されたが。

2 わたしは、中・高・大の歴史「教科書」にさえ、自然と聴き耳を立てるようにしてきた。正確には、地理と歴史の教科書にだ。もっとも、教えてくれた「先生」の「魅力」に負っていたと思える。「先生」が歴史の「作者」の一人であった。

なんだ、教科書など、いつ(年号)、誰(偉人)が、どんな事件(事実)をおこしたのか、の寄せ集め(パンフレット)じゃないか。無味乾燥きわまりない。こう、反問されるかもしれない。でも、「645」(ムシ・ゴヒキ)という「年号」(記号)からどんな「物語」を紡ぎ出すかは、あなた(読み手)の腕次第なのだ。

わたしはといえば、後年、『日本書紀』の「大化の改新」のところで、現代語訳ではあったが、その「クーデタ」劇のあまりにも「陰惨」な描写に、「何で、こんなに『リアル』でなくちゃいけないの?」と思うと、安眠できなくなったことを、今に憶えている。まるで「劇画」さながらなのだ。

3　わたしは総じて新しがり屋だ。一冊、「本」を読むたびに、「時代小説」や「漫画」であろうと、ときには漫画にこそ、大きな「刺激」を受けてきた。「軽薄」という誹りを免れえない。たとえば、劇画白土三平『カムイ外伝』や安彦良和『イエス』『ナムジ』をはじめとする「神話」に大きな刺激を受けた。司馬遼太郎の諸作品や津本陽『塚原卜伝十二番勝負』にさえだ。この意味では「歴史」に「教科書」はないともいえる。

4　それで、一足飛びにいっておこう。

第1、時代の画期を示すと思える、わたしが決定的に影響を受けた諸「作家」(歴史家)の「作品」を基軸にすえ、その「意味」を明らかにする。

第2、大口を叩くようだが、日本「正史」といえるものを獲得するために、日本史を包括的に理解する筋道を示す、「異例の日本史」の一端なりと例示できうれば、幸いだ。ま、大口はこれくらいにして、まずは「表玄関」から入ろう。

納得する日本史〈古代史篇〉　目次

第2章　「大化改新」の謎――聖徳太子とは誰か？　81

第5章　歴史「読本」——日本「外史」　181

第1章

「上古」史は「伝奇」か？

1 「邪馬台国」はなかった──「邪馬台国」論争

(1)「ヤマト」はおらがムラ⁉

誰でも、ある年齢に達すれば、その対象が何であれ、「ルーツ」を知りたい、とりわけ「祖先」に無関心ではおられなくなる。日本(国)のルーツに対してもそうで、その関心が「歴史」への関心と結びつく。私も例外ではなかった。「邪馬台国論争」が、日本人なら誰もが興味をひかれざるをえないテーマになる理由でもある。

大学(文学部)入学後、わたしは漠然とではあったが、「先輩」の引きで、まず歴史学研究会に入り、また、「歴研」の顧問でもあった井上薫教授(古代史)に、講義で、「邪馬台国論争」について詳しく教わることになった。教授は京都大学国史科出身で、「ヤマタイ」=「大和」という論証を半年間かけて講じた。「邪馬台国は大和朝廷のルーツ」である、が結論だ。

この論争は、「おらが村」の学問版、東大系と京大系の対立、歴史学における学閥対立が絡んだ、日本の「最初の王朝」は九州なのか、大和なのか、という論争だ。ただし、北海道生まれの私には、なにか、おらが国自慢の競い合い、「真の元祖」争いに見えて、その当時、どっちもどっちら、という感じしかもてなかった。

もっとも、「ヤマト」という地名は日本国中どこにでもある。「ヤマト」って、「日本」の「古名」だし、「山処」でもあるから、「山国日本」では「俺たちの在所」（おらが村）というほどの意味だ。

つまり、邪馬台国論争は、古代史専門のある特定の学者だけのものではなく、マスコミはもとより、「素人」をもまじえた形でやることができるし、実際、やられてきた、といっていい。自分の生まれ在所を邪馬台国、日本国（王朝）のルーツにしたかったら「できる」、というくらい気楽なものも含まれている。ただし、さすがに北海道には、「ヤマト」は「ない」（!?）。だから、感情レベルで、私は、この論争に対して「野次馬」気分でいられた。

それに、「ヤマト」は、わたしが大学受験時から20数年棲んだ近畿地方では、必ずしも「固有名詞」ではなかった。つまり、大和＝「奈良」ではなかったのだ。たしかに大和川は奈良（やまと）に発するが、「浪速」、「和泉(いずみ)」、「河内」の境界線となって、大阪と和泉を分かち、大阪湾へと注ぐ。上流は、大和川とはいわず、初瀬、佐保、富雄、葛城等の諸流で、それらが下流で大和川に合流する。奈良でも、飛鳥、葛城、斑鳩とはいうが、「大和」という呼称で自分たちを結びつけようとしない。つまり、日本の古代社会は、今風にいうと、「ムラ」連合体というのが一番ぴったりする。

日本古代には、ヨーロッパやチャイナ型の「都市」国家は存在しなかった。たしかに、ヤマトという広域はあったが、漠然とした呼び方で、現在でも、「大和」というと、河内の隣の、奈良県の中部一帯を指す、総じて柄（ガラ）のあまりよくない地域、とみなされる。いっては悪いが、「大和高田」のあたりだ。

つまり、ヤマトという国は、「ヤマトは国のまほろば」というように、私たち日本人の心の中にある素晴らしい場所、「理想郷」という、空間的には「どこにもない場所」（ユートピア）で、素人でも、自分の生まれたところが「やまと」だ、と屁理屈ぐらいはいうことができる。

私は、札幌郡白石村字厚別というド田舎で生まれた。「厚別」なんてつい最近（明治初期に）出来た開拓村だが、ヤマトだ、といえないわけはない。事実、「山本農園」があった。ヤマ（モ）トである。もっともこれは明らかな「こじつけ」で、もともとは「未耕地」＝開拓部落民が最初に鍬を入れた「西区」の一部（大部分）を、政府（道庁）が山本（男爵？）に払下げた（明治41）部落名で、ルーツははっきりしている。戦後は、水田が広がるだけの低湿地帯で、山処ではない。ただし少年期のわたしにとっての「まほろば」は、鬱蒼たる野幌原生林の奥にあった「瑞穂（みずほ）の池」であった。

それにおもしろいのは、「邪馬台国論争」には、ヤマトが南米のペルーにあるとか、インドネシアにある、という説もあった。柳田国男じゃないが日本の起源を「南島」に求めるのは、「洒落」ていると思えた。実際、丸木舟さながらで、太平洋を横断（縦断）する「説」（物語）を読んで、妙な「既視」体験に襲われたこともあった。

（2）『邪馬台国はなかった』

ただし、ここでとりあげるのは、古田武彦（1926〜2015）『「邪馬台国」はなかった』（朝日新聞社 1971）だ。古田は思想史出身の歴史家で、『親鸞』（清水書院 1970）という個性的な著書を持っていた。そして、「邪馬台国論争」で、多くの歴史学者たちが長期にわたって「故意」に名前を挙げようとしなかったのが、古田武彦だ。

ところが、1974年、この人の「邪馬壹国」という論文の盗作問題が起こった。「盗作」したとされたのが、推理小説家高木彬光『邪馬台国の秘密』（カッパノベルズ）で、73年暮れに出版されて、ただちにベストセラーになり、すぐに私も読んで、一読、「感嘆」したことを覚えている。

高木彬光（1920〜1995）は、京大の冶金科を出て、戦前、中島飛行機に務めたれっきとしたエンジニアだったが、敗戦で食えなくなり、「ざら半紙」に線を引いて原稿用紙とし、『刺青殺人事件』（1948）を書いて、敗戦直後、衝撃的にデビューし、74年当時、すでにわたしも愛読する「大」作家になっていた。この小説が、盗作問題を起こし、絶版になる（現在出ているのは改訂版）。これで、古田の名前は歴史家や歴史小説家の間で知られることとなった。しかし、誰も「古田」と名前をださない。どうしてか？

古田は、筑紫地方に卑弥呼が支配していた邪馬「台」国があったという九州説を主張した。その説がおもしろい。

1　チャイナ（支那）と日本の関係ないしはチャイナと地続きの朝鮮と日本との関係を、古代史解明の視野に置く。

2　歴史書、あるいは古文書といわれているものを安易に「訂正」してはいけない。誤記、誤植等といって、後世の人間が勝手に変えてはいけない、という視点に立つ。

簡単にいえば、古田は、日本の記紀とともに、チャイナや朝鮮の正史や稗史に光を当てて古代史を読み解くべし、まずは文献（字面を含め）をあるがままに受け取るべし、という、いわれてみれば当然のことを主張している。ところが、この当然のことが無視され、古代史研究（理解）に重大なバイアス（歪み）が生じた。その最たるものが、「台」という文字である、と主張したのだ。

(3)「台」は「壱」（=「一」）

「邪馬台国」の「台」は、新字で、もともとは、「臺」（旧字はもっと複雑）。ところが、チャイナの歴史書『魏志』（倭人伝）に出てくるのは、「邪馬壹国」。「臺」（たい）ではなく「壹」（いち）（旧字はもっと複雑）。これを日本の歴史家たちは、「ヤマト」と読むために、「臺」と「壹」は似ているから、「誤記」に違いない、と処理してきた。（もっとも、後のチャイナ歴史書には、「邪馬台国」の名で出て来るが。）

しかもまずいことに、古代史を最初に習うものは、魏志にある表記を最初から何の疑いもなく、「邪馬台国」と読んで、それが「邪馬壹国」と表記されているということにさえ、気づこうとしない。少なくとも、井上教授、そして私もご多分に漏れなかったし、多くの歴史愛好家も同じようだった。

古田は、歴史書の「キイワード」を勝手に誤植だとみなし、自分の都合で改めない、ということを資料処理法の原則だ、と主張。もちろんどんな書物にも「誤植」はある。しかし、どうも自分の頭には納得できないから、「誤植」に違いない、と頭から決めてかからない。自分の眼や頭が狂っているのではないか、という「自己懐疑」の精神があらゆる科学の根本態度だ。まず、資料に書かれてあるがままを受け取るところからはじめるべきではないか、という当然の要求をする。（といっても、古田は、自分は正しい、絶対に正しい、ということを断じて疑わない心的構造をもっている人だから、やっかいだが。）

「魏志倭人伝」に書いてある通りに読むと、「邪馬壹国」は「ヤマイチ」国になる。ヤマトではない。ヤマイチをヤマトと読むことはできない。だから、ヤマイチを「大和」（朝廷）とただちに結びつけることはできない、となる。

たしかに、日本古代史をややこしくしている一因は、「ヤマト」を「大和」と表記するところから来る。「邪馬台」と「大和」を単純に連続線上で結んでしまいがちになる。古田の提言は、「資料」上ばかりでなく、このような単純な心理上の錯誤を取り払うことを要求するのだ。

（4）チャイナ史の記述の是非

しかし同時に、「魏志」に書いてある記述を頭から歴史事実だ、と考える必要は全くない、と仮定することも重要だ。この点、チャイナの視点から書かれた、自己（チャイナ）中心的で、不正確さを免れえない記述である、という当然の疑問をもって、「魏志」に対しなければならない。「魏志」を勝手に改竄しないことと、「魏志」とりわけ「倭人伝」を偏見に満ちた不正確な歴史書（地方官が「伝聞推定」によって書いた報告書をもとにした、魏中央政府を正統化する物語）であると前提（仮定）することとは、少しも矛盾しない。

古田には後者の見地が欠けている。資料をあるがままに取り扱うことと、資料を全面的に信用することはちがう。2世紀の日本に関する「魏志」の記述を、チャイナの我意、記述者の偏見や誤謬に満ちたものだと考える当然の理由もある。

（5）チャイナと朝鮮と日本を比較＝俯瞰する

ところで注目すべきは、古田が、今でこそ常識になったが、当時のチャイナと朝鮮半島の情勢と日本との関係を基本に置いて、日本の古代史を俯瞰すべきだとした点だ。

日本の「都合」だけで日本古代史を見てはならない、という態度をとったことだ。このような見地から、古田は、従来の「邪馬台国」論争とは異なる、独特のアプローチで切り込んでいった。

そのストーリー（古田は「論理」というが）は、「小説（家）」もびっくりというもので、高木彬光が古田説の肩に乗って「創作」（盗作）したのも、よくわかる気がする。

2　「邪馬台国」は「卑字」である

(1)「邪馬台国」はなかった

1　日本に独立国としてのいちおうの体裁があった、ということを前提にすれば、「邪馬台国」はなかった。こう、古田は断じる。

まず確認すべきは、「邪馬台国」という名字は、日本人が付けたものではないということだ。『古事記』や『日本書紀』以前・以外でつけられた地名、チャイナの歴史書に出てくる地名は、チャイナ人が「漢字」で表記したものだ。

だから、古田がいうように、「属国」である東夷の地域を示す文字は、ほとんど全部、「卑字」で、蔑視語、現在でいう、差別語に置き換えたものだ。

自分で、自分の国のことを、特別卑下していう場合を別として、「倭」人が「自国」を「邪馬台国」などと記すわけがない。「ワ人」が「倭」(こびと)などと表記するはずはない。日本の歴史書がチャイナの表記をそのまま受け取って、後に「邪馬台国」というふうに書いたのが、日本の一つの文化的「伝統」であったにせよ、大きな不幸と考えていい。だから、私たちが、自分たちをどういうふうに表現するのかということに、もっと神経を使うべきなのだ。

2　相手に「卑字」「卑名」の類を与えるという習慣は、いまでも続いている。もっとも、私たちも、自国を「日本」という。もとをただせば、オリエント（陽国＝日の出る国）で、徹底した美字だ。自尊、自国中心もはなはだしい、ということもできる。

アメリカは探検家アメリゴ・ベスプッチからとった名、イギリスはイングランドで、「アングル人の土地」、つまり、アングロ・サクソン人の土地。ロシアは東スラブ人を総称する「ルーシ」から来ている。ハポンとか、ジャパンと言われたら、日本人はちょっと嫌だ。日本を、スペイン語で読むとハポン。欧米人が、日本人（ジャパニーズ）をおとしめていう場合、ジャップ、短縮形だ。「ヤンキー」はアメリカ人の俗称だが、ニューイングランドの住民のことを特に指し、「ヤンキー・ゴー・ホーム」というように、おとしめていう場合にも使われる。

つまり、古田は、属国を卑字であらわす支那が、「臺」という美字を使うことはありえない、「臺」は「うてな」で、「盛土・高地」をあらわすが、「高殿・宮殿」を意味する美字である、という。卑弥呼、邪馬は、なるほど「卑字」、正確には「卑名」だ（ろう）。

（2）邪馬壹・邪馬台・倭・大和は同じではない、という仮説からはじめよう

1　『魏志』倭人伝に書かれている卑弥呼が統治する「邪馬壹国」は、古田が指摘するとおり、かぎりなく北九州地域を指している。といっても、どこまでも「仮説」にとどまる。

しかし、問題は、「邪馬壹」が北九州だから、その頃、ヤマトという国はなく、近畿にまとま

りのある政権がなかった、と考える必要はない。「大和」という国名は大和政権が後から付け、「倭国」や「邪馬壹国」というのはチャイナ側が付けた名前だ。この両「国」を無理に一つのものとする必要もない。（ということは、同じだ、という仮説もなりたつが。）これは、古代日本が、統一国家ではなく、複数の国家（王朝）群からなっていた、という多元的王朝説をとる古田説にも抵触しない。

2　さらにもう1つ、「ヤマト」と片仮名で示すべきだったという人がいる。要するに、中性名詞と見るのだ。特定の場所、所在番地に結びつかない「名前」だ。ともかく、現在の日本と同じ空間内の大きな部分を占める、ヤマト王朝が成立していた、これを前提にしよう、というのだ。

3　私は、「邪馬壹」はもとより、「邪馬台」も「大和」も同じでない、と、とりあえずは考えよう、総称して、括弧のあるカタカナで「ヤマト」と表記したほうがいい。そういう国はどこにあったか一義的には決めかねるが、あった、という了解から出発することが重要だと考える。「ヤマト」は、統一的な国家であった、ということは間違いない。もう少しいうと、特定の政治的・軍事的な指導者がいて、他方、シンボルとしての「政治」家がいるというふうに、「二重」権力構造をもった統治形式がある、きちっとした二元的な社会になっている。そういう社会は、古い「未開社会」に特有な構造とされるが、どうも逆なんじゃないか。きちっとした「国家」体をとるようになると、必ず象徴的で権威的存在と、実質的で政治・軍事権力とが、相対的に「分離」してくる。むしろ分離しないと、政治＝統治がスムーズに行なわれない。これが、近代社会だけじゃなく、国家統治が取る「一般的な形」だと考える。

（3）高句麗、百済・新羅とヤマト「王朝」の誕生

1　ヤマト国の成立と切り離すことができないのが、朝鮮半島の情勢だ。4世紀、朝鮮半島に新羅、百済という独立心の旺盛な国家が誕生する。北の「大国」高句麗とあわせて、朝鮮半島は、チャイナの冊封状態から脱する機運と気構えをもった「王朝」が頭をもたげてくる。これは、チャイナが四分五裂の状態で、朝鮮半島にまで手が回らないという「国際」（国家間）関係を「刺激」させずにはおかなかった。

2　朝鮮半島から押し出されるようにしてやってきた、「統一国家を！」「王朝を！」という機運は、第二次大戦後、植民地諸国が「独立を！」と突き進んだ熱気と同じように、日本列島に伝播し、ヤマト王朝の誕生にまっすぐ繋がるエネルギーを生み出した。こう思える。

あるいは逆に、統一政権ヤマト王朝誕生の機運が、朝鮮半島の南端、「加羅」から朝鮮半島に吹き出し、百済、新羅、高句麗の独立運動に火をつけた、と考えることもできる。

3　いずれにしろ、朝鮮半島と日本が、4世紀に独立国家としての体裁を整えるところまで来たということは確かだ。もちろん、大国チャイナの圧力を完全に跳ね返すなどはできなかっただろうが、日本でも朝鮮でも、この4世紀半ばから、7世紀後半、本格的な統一国家となった「日本」と「新羅」誕生までの歴史は、激しいが実りある国家統合への歴史であった、とまずここで

確認しておこうと思う。

いいたいことは、朝鮮諸国の運命はヤマトの運命と連動していた、ということだ。

(4) 決定版『邪馬台国の全解決』——「中国正史がすべてを解決していた」

鬼才の書に出会った。孫栄健(1946〜)『決定版　邪馬台国の全解決』(言視舎　2018)だ。著者はすでに、『邪馬台国の全解決』(六興出版　1982)と『魏志東夷伝の一構想』(大和書房　1986)を書いている。この事実さえまったく知らなかった。知的怠慢の誹りを免れえない。歴史「小僧」の故か?

そうじゃない、と断じたい。哲学(「愛知」)の本領は「読解」(法)にある。それ故、構造主義、特にルイ・アルチュセール(『資本論を読む』)、廣松渉(マルクス読解)、吉本隆明(共同幻想論)、丸山圭三郎(ソシュールを読む)等に深く影響を受けてきた。歴史畑では、文献を「読む」(マナー)を重視した、内藤湖南、宮崎市定、古田武彦、岡田英弘等を愛読してきた。その中に孫の著作が欠落していたからだ。

1　本書を一読してまず、古田『「邪馬台国」はなかった』(1971)以来の衝撃を受けたことを記さなければならない。古田は、魏志(＝三国志)倭人伝には「邪馬壱(壹)」、「後漢書」東夷伝ほかには「邪馬台(臺)」と表記があるが、勝手(検証なし)に、「壱」を「台」の誤記とみなし、「邪馬台国」と改訂する通弊(テキスト読解の初歩的誤り)を指摘し、なぜ「『邪馬壹国』でなければならないか」の理由を縷々記した。

2（以下は孫の論理＝読解だ。）

1．王朝史は後漢→魏→晋の順だ。だが史書は、①魏志（三国志）→②後漢書→③晋書の順で完成し、しかも①は三国＝魏・蜀・呉志を一書に編纂した、「同時代史」である。

2．陳寿（①の編著者）は官史だ。魏朝（帝）から「禅譲」された晋朝の事実上の祖、司馬懿（い）を直截に批判できない（「忖度」が必要だ）。つまり「春秋の筆法」で書き記さなければならない。

では「春秋の筆法」とは何か。

「春秋」とは孔子の書（とされる）『春秋』（魯国の年代記）で用いた歴史記述法（レトリック）で、その原理は、《春秋は文を錯（たが）うるを以て義を見（しめ）し、一字を以て褒貶を為す。》だ。中国史伝統の書法で、平たくいえば、時に応じて、本音と建て前を使い分ける工夫だ。（例えば、著者孫が明示するように、「至」と「到」は、ともに「到着」だが、「至る」は途中地に到着、「到る」は最終目的地に到着、と使い分ける。したがって魏の使節団は、卑弥呼のいる奴国ではなく、「一大率」が「常治」する伊都国に最終到着したということになる。つまり卑弥呼にあってはいない）

3．特に東夷伝の韓伝・倭人伝は、魏（第一の実力者）司馬懿の東方攻略の「史実」を反映している。編著者陳寿は、韓・倭二国（の地理・風俗・政治状況）を春秋の筆法で書かざるをえない。（司馬氏の経営に「失策」があった場合はなおさらだ。）

3　②後漢書と③晋書は、魏志の「史実」を受け継ぐ。同時に、史実を春秋の筆法で改釈・叙述する。この経緯の孫の解明・叙述（＝読解）は読んでいて目が覚める思いだ。新解釈の中心をあげれば、

1．行程は、12000余里（1里＝魏・晋里＝2・3㎞）＋「水行10日陸行1月」ではない。ともに帯方郡からの行程距離であり、行程日数である。全行程は12000里、水行・陸行で40日を要する。

2．ただし、地理情報は軍事機密で、特に呉がしきりに東方計略を図っている時期に当たり、「露府」（戦時広報〔大本営発表〕）は実数の10倍で、12000余里は、1200余里（520㎞）だ。

3．では12000余里に当たる国はどこか。倭人伝の記述が示すところ、奴国、卑弥呼が座すところだ。

4　倭人伝の孫読解が指し示すところ、12000余里の出点が帯方郡（ソウル近接）で、最終着点が「奴国」である。これは（わたしには）驚天動地の読みだ。

1．えっ「邪馬台国」が最終着点ではないのか。後漢書（ハンヨウ編著）は奴国を倭国の「極南」と書く（注釈する）。卑弥呼は奴国王でもある。金印（漢倭奴国王）をもらって当然だというわけだ。

2．伊都国に「一大率」（政・外・軍の総理＝男弟＝王）を置き、彼が30余国を「検察」し、

諸国はこれを「畏憚」する（恐れ憚る）、とある。卑弥呼（女帝＝シャーマン）に対応する。

3. 伊都国から、東4km余に不弥国、東南4km余に奴国（邪馬台国の極南）があり、そして卑弥呼が座する所在地（聖域＝宮殿）と墓所を、著者孫は明らかにする。ただしこの結論は、考古学上、驚天動地ではない。

5 つまるところ、邪馬台国とは、女王卑弥呼（奴国）を盟主とする30余国が集まる戸数7000の連合体（集落）だ。

1. 孫は断じる。よくいわれるように、魏志は倭国派遣者（が、また聞きした類）のいい加減な報告をもとに、倭人伝を記したのではない。中国は「記録」（文字）の国だ。リアルな実地見聞をもとに記している。ただし、卑弥呼が死んで、争乱が起こり、また女子を立てて平和を回復した、と記すが、どうだろう？

2. 実際は、実権を握る「一大率」が卑弥呼を（暗）殺（？）したがために、争乱し、ふたたび女王を立てざるをえなくなった。この「一大率」の背後にあって糸を引いたのは司馬氏である。その東方政略が失敗に終わった。これを『魏志』に直叙はできない。春秋の筆法が必要になる。

3. では権力を簒奪した「一大率」とは誰か。魏に朝貢使となり、245年には魏皇帝から「詔書」等をうけたナズメ（難升米）で、伊都国王＝「一大率」＝男弟だ、と孫は推断する。（最近ミステリにはまっている。一つだけ注文。魏志倭人伝に「邪馬壹国」とある。孫の言を借りても、誤記・誤植の類ではあり得ない。「「邪馬台国」はなかった」、といえる。）

3 「朝貢」外交とは？

(1) 冊封国家

1 隋や唐時代の朝鮮半島や日本の諸国を、「冊封」国家という。チャイナが「属国」と承認し、「爵位」を与えた国、という意味だ。

日本で、厳密な意味で、国家概念とか領土概念が生まれたのは、明治維新前後だ。それまでは、「領土」という考え方はなかった。つまり、ヨーロッパでいうところの「領土」とその範囲を確定する「国境」という考え方はなかった、正確には「稀薄」だった。

2 ただし日本国内という側面に限っていうと、「藩」が国（state）に相当した。「日本」はあったが、独立諸「藩」の連合体であった。だから、藩（国）境を侵すのは、誰であれとてものこと難しかった。日本の国内についていえば「国境」意識は強烈にある。薩摩国などは、検衾（ぶすま）で囲まれた強烈な「鎖国」意識の強い国だった。

3 逆に、「開国」（開港）後、日本（住）人が、対外国との関係で「国境」がどれほど重要なものか、という意識にはすぐに到達できたわけだ。この点では、チャイナや、チャイナの「国境」意識（稀薄）の影響を強く受けてきた朝鮮とは本質的に違う、と考えていい。

4　だが、江戸時代までの日本（人）も、チャイナ式の「国境」感覚だった。要するに、国境といっても一応の「線」にすぎなかった。というのも、中国＝チャイナという国は、「唯一の国」＝「世界」で、国境という境界線意識が稀薄だった。「チャイナ」（中華＝中国）が「世界」を意味し、「フランス語を話す人の国」＝「フランス」という考え方とは、根本的に違う。

5　「チャイナ」は、チャイナ人の認識では、すでに統一が終わり、完成している。チャイナという世界だけが人間の世界である。しかし、域内外にさまざまな蕃族が住んでいる。彼らが、自分の所に貢品を持って来て「私をどうぞよろしくお願いします」と這い蹲るなら、「おまえをその地区の王に任じてやるぞ」とか、「おまえをそこら辺の代官にしてやるぞ」と、属国を統治する権限を一時的に委任する。卑俗にいえば、大親分の大前田英五郎が、関東一円に散在する小親分の「シマ」（縄張り）を「仕切る権限」を認定するようなものだ。

ずっと後のことになるが、「琉球」も「冊封」国家だった。清国に朝賀して、お前の国は清の属国だ、そこの総督府（王朝）であることを認める、といわれる。ところが、島津藩の武力干渉を受けて、植民地同然になり、ついには日本の事実上の支配下に置かれる。その日本も、元来は、冊封国の一つだった。

チャイナ周辺の東アジアは、全部、冊封ということで、チャイナ皇帝の意識では、「朝貢」国＝「冊封」国、は自国の延長＝「属州」ということだった。

（2）「国境」意識の稀薄なチャイナ

1　東アジアとヨーロッパの国境意識は違う。この一線を一歩でも越えたら、「侵入」（侵略）＝「戦争」だ。これがヨーロッパ式の「国境」に対する考え方だ。さらにいえば、無主の地域、国境ではっきり区切られていない土地があったら、そこに旗を立て線引きをして、「我が領土」とする、というのが通則だ。ロシアが、どんどん極東に侵出し、アリューシャン列島さえ越え、アラスカまで自国領土としたのは、ロマノフ王朝が「ヨーロッパ」出身だったからだ。瞬く間に、大ロシア（ロマノフ王朝　1613～1917）ができあがり、その最後の手が、沿海州、千島、樺太を経て日本に延びたのは江戸も後期に入るころだ。

2　チャイナに「清」（大清）という国が出来たのも、チャイナと満洲が冊封国関係だったからだ、といっていい。清を建国した満洲族にはどれぐらいの数がいたか？　もともとは「女真族」に属していて、女、子ども全部を合わせても、60万人ぐらいしかいなかったそうだ。それがチャイナを「飲み込んだ」のだから、驚く。

個人主義の国というのは集団化、一体化を好まない。「大帝国」という「器」がバンとあるだけで、中身は四分五裂。とりわけ、チャイナというのは各種族が一つに集団化しない国で、古代期から「個人」主義が支配的。ところが、「清」族は、60万が一致団結する凝集力をもっていた。だから、チャイナを乗っ取ることができた。毛沢東の八路軍（共産軍）も、まれにみる一体化された凝集力をもっていたからこそ、チャイナを「統一」できたといえる。清については、こんな話がある。

ロシア皇帝の使節レザノフが国書を持って、ナジェージダ号で長崎を訪れたのは1804年のこと。これがロシアによるはじめての対日「開国」（開港）要求だった。司馬遼太郎の『菜の花の沖』によれば、この国書が面白かった。ロシア文、満洲文、和文という三種類の言葉が使われていたが、和文は、なんのことやら誰も理解できない代物だった。ロシア語も、もちろん満洲語も日本人の誰も解しえなかった。ここで司馬さんは書いていないが、ロシア側は、おそらく、日本は清と貿易している、その清は満洲語をもつ、したがって、日本は満洲語を解するであろう、と考えたに違いない。

当然、使節が持参した国書を誰も読めない。だから、たまたまロシア側の医師がオランダ語を少し解したので、交渉では、ロシア語をオランダ語に、そのオランダ語を日本の通詞が日本文に直す。こんな面倒なやりとりになったのだった。これでは意思疎通もままならなかったと想像できる。ただし、まったく開国の意志のない日本政府（徳川幕府）にとって、これはもっけの幸いだった。それやこれやで、ロシア船は、長崎沖に半年停泊させられ、なんの成果も得ることができないまま、叩き出されるように出港を余儀なくされる。レザノフはもう頭に来て帰っていった。

（3）チャイナにとって「侵略」の大義名分は「懲罰」

チャイナには「国境」がないという「意識」（共同の無意識＝「中華」帝国）は、根本的には、現在でも変わっていない。チャイナ支配層の頭の中では、インドだってチャイナの一部、ネパール、ウズベク、等々もチャイナ、ずうーっとポーランド辺りまで、「あれはヨーロッパに貸してあるんだ」と思ってるだろう。（習近平の「一路一帯」は現代版「シルクロード」だが、もちろんその底意には、チャイナ「帝国」再建の意図を垣間見ることができる。）

理由がある。「元」という国は漢民族が建国したのではない。モンゴル族で、ジンギスカンの息子・孫たちが勢力を拡大し、複数のモンゴル族による帝国ができた。「元」もその中の一国。そのモンゴル「帝国」がヨーロッパまで攻め込み、中原ハンガリーやポーランドあたりまでダーッと侵略を重ね、すんでのところでヨーロッパ全土は焼土と化すところだった。

鎧袖一触（がいしゅういっしょく）、モンゴルの騎馬隊の前にヨーロッパ軍は蹴散らされてゆき、ヨーロッパ諸国はもうケセラセラ（日本では南無阿弥陀仏だろうが）で、仮死状態寸前であった。そのとき、モンゴル帝国本体の王（大ハーン）が亡くなり、「弔い」のため全軍が帰還する。権力（＝後継）争いのためだ。ま、いつでも欧州など討伐できる、と思えたに違いない。

このモンゴル帝国が「漢」（チャイナ）を呑み込んで「元」ができたのだが、モンゴル族にしてみれば「チャイナ」を呑み込んだつもりだっただろう。しかし、「漢」民族（意識）では、庇・敷居・土間を貸した程度にしか考えていなかった。母屋はチャイナ。モンゴル帝国も、チャイナ＝元の「分身」と考える理由（理屈＝ロジック）があった。

このようにチャイナに国境を画すということに強い執着心がないということは、必要があれば、いつでも「他」に足を踏み込んでもいい、という侵略性の強い性格があることを意味している。

4　事実、1970年代、チャイナの国家意識を知るにふさわしい「事件」が起こった。

ベトナム戦争が「終結」、アメリカ軍が「撤退」、ベトナムの南北統一がなる。間髪を入れず、ベトナム軍が大挙してカンボジアに侵略を開始した。昨日まで「平和勢力」ベトナムが、今日から侵略国＝「戦争勢力」に転化したことを万人の前に示した歴史的事件だ。しかし、ここでいいたいのは、侵略勢力ベトナムのことではない。

チャイナはカンボジア（クメール・ルージュ＝カンボジア「赤軍」）を「支援」していた。支援などという生やさしいものではなく、カンボジアが「農村共産主義」を目指して都市住民の大量殺害に踏み切ったのは、チャイナ共産党の「文化大革命」の影響と毛沢東主義の指導と強制があったからだ。そのカンボジアがベトナムに侵略された。「これは許せない。お仕置き！」と、チャイナ（共産党）軍がベトナムに侵攻しようとした。

チャイナの意識では、ベトナム（越）もカンボジア（扶南）も、もともとがチャイナの「冊」内。それなのに、ベトナムが「ご主人」の意に添わないことをする。「懲罰！」ということで、軍を国境に集結し、戦端を開いた。だが、さんざんな目にあったのはチャイナ軍で、ベトナム戦争をソとチャイナの「援助」の下で戦い抜いた「軍事大国」ベトナムに蹴散らされた。（この怨みは恐ろしい！）

（4）遣隋使とは何か？　何を目的としていたか？

日本は統一政権を持つ前から、チャイナ文化の圧倒的影響のもとにおかれてきた、といわれてた。統一政権が（まがりなりに）できても、晋や宋に何度も使節を出している。そして、対チャイナ関係が定期的かつ大規模になるのは、「統一」国家となった（正確には、なりつつあった）ヤマト朝廷からで、相手もチャイナを統一した「帝国」隋だ。

創建途上のヤマト朝廷は、7世紀初頭、隋に公式の使節を、600年から614年まで6回も派遣した、といわれる。隋に朝貢した遣隋使だ。

朝貢外交とは、「私は属国の野蛮人でございます」と貢ぎ物を携えて「都」に参賀し、皇帝に跪く。皇帝は、「ういやつだ」といって、その見返りに、爵位（「王」位）と膨大な財貨や技術を与える。いってみれば、宗主国が衛星国にたいしておこなう「援助」と同じようなもので、政治的「服従」と引き替えに、「経済援助」と「文化移入」を得るという、「弱小国」の外交方式だ。今様にいえば、衛星（従属）国が国家主権を制限されるのと同じだ。

朝貢国にとっては、従属＝屈辱外交だが、経済的・文化的な見返りも大きい。だから、航海の危険を冒しても、朝貢を重ねる。弱小国（政権）にとっては、「地位」の安堵と重要な財源や「先端」技術獲得行為でもあったのだ。

ところが、屈辱外交を続けながら、属国といえども、チャイナから独自・対決姿勢を失ったわけではない。とくに、巨大な力のチャイナと陸続きの「朝鮮」の運命というのは、無茶苦茶過酷だ。チャイナで王朝が変わるごとに、あるいは分裂して新たに強国が現れ、各地に割拠する度に、それが十何カ国であったら、十何カ国に色目を使わなければならない。どこかに目の使いどころが悪いと、ひどい目にあう。

この朝鮮半島を「統一」し、「独立」を図ろうようと先鞭を付けたのが高句麗の好太王（374～412）だ。高句麗は、いうならば北辺の武力国家で、ギリシアのマケドニアに相当する、といっていい。6～7世紀には、隋・唐と正面対決するという図さえ生まれた。朝鮮統一運動は、対チャイナ独立運動と連動していることがわかる。そして、チャイナと高句麗の対立が朝鮮半島の政治地図を大きく書き換えてゆく。その揺さぶりが、ひいては、チャイナと日本との関係にも跳ね返ってくる。

まあ、いってみれば、朝鮮半島を主舞台にした、激動の日本古代史の開始だ。

(5)「倭の五王」の外交戦略

卑弥呼が魏に使者を送った魏・蜀・呉の三国時代は、チャイナの「古代」が終わり、国力が長期低落へと向かうはしりだった。朝鮮半島では、高句麗が硬軟両面作戦で、チャイナの分裂＝群雄割拠を巧みについて、領土を拡大していく。これに踵を接するように新羅も勢力を伸張させる。高句麗、百済、新羅に加羅を合わせて、朝鮮半島の伸張と緊張、合従連衡は、対チャイナをにらみながら高まっていったといっていい。

この時代、歴史上有名な「倭の五王」が宋に使者を送り、「安東将軍」に任じられる。

この「宋」は、現在の南京を都とする南朝政権の一つで、六朝とは、呉、東晋、宋、南斉、梁、陳と続く、229年から589年までを指す。

この「倭」は、卑弥呼の「倭」（「親魏倭王」）が北朝魏に後ろ盾を求めたのに対し、南朝に後ろ盾を求めていることに注目したい。チャイナから見れば同じ「倭」でも、卑弥呼の時代の倭と、五王の時代の倭とは、同じ一つのものではない。この南朝の最初の王朝が、三国志で覇を競った孫権が樹立した「呉」だ。

『宋書』が伝える讃・珍・済・興・武の五王は、421年から478年まで遣使を送り、「安東将軍・倭王」の称号をえた。当時、百済王が宋から授けられた官爵号は「使持節・都督百済諸軍事・鎮東大将軍・百済王」だったが、珍は「使持節、都督倭・百済・新羅・任那・秦韓・慕韓六国諸軍事、安東大将軍、倭国王」を求めた。百済、新羅、等の軍事支配権を要求したわけで、望外なものとして拒まれたようだ。

ただし、「三代」目の済は、451年、「使持節、都督倭・新羅・任那・加羅・秦韓・慕韓六国諸軍事」を加号され、軍号も「安東大将軍」となる。「五代」目の武は、宋に対して対高句麗戦を訴えるなどの働きかけをし、「使持節、都督倭・新羅・任那・加羅・秦韓・慕韓六国諸軍事、安東大将軍、倭王」に任ぜられ、讃から武までの間にめざましい外交的成果を得たように見える。

しかし、「倭」は朝鮮半島に拠点（加羅）をもっているとはいえ、安東大将軍の号は、虚名にすぎず、チャイナ王朝を後ろ盾に対朝鮮半島をめぐる駆け引きを有利に導こうとして、実のところ、その試みが破綻した、というのが正解のようだ。それあるか、そののち1世紀にわたって、「倭」の対チャイナ外交交渉は、正史から姿を消してしまう。

それに、チャイナ（南朝）にとってみれば、「安東大将軍」などというのは、一地方官どころか、地方官の地方官、という意味ぐらいしかなく、要するに、朝貢してきたから、称号を与えたというだけの話だった、と見るのが妥当だろう。

しかし、少なくとも倭の五王の時代、「倭」国が統一国家の形をなしていて、その統一政権を担ったトップが使いを送り、複雑な国際関係のなかで、きちっと自分の立場を主張し、曲がりなりにも朝鮮半島の一部を含む「領域」の「代官」の承認をえた、というくらいは明らかだと思える。だから、倭の五王のあたりで、日本の国家は、はっきりした王朝としての姿を外国、つまりチャイナや朝鮮諸国に対して、示す体の国になっていた、卑弥呼の時代のように部族連合国が並立している状態から統一国家としての概容をそなえる程度にまでは成長していた、といえるだろう。

卑弥呼の時代、3世紀には、九州北部に一定のまとまりある部族連合の国があったということはほぼ間違いないだろう。しかし、大和に、あるいはその他の地に部族連合の国があったかなかったのかは、はっきりしていない。ただし、卑弥呼の支配した国が統一政権、王朝に匹敵するようなものでなかったとしても、大きな部族連合の国があったと考えることができるだろう。

これに対して、五王の時代、5世紀になると、「倭」は朝鮮半島の3国とは別な、もう一つの国であり、強力な統一政権ができ、それを統括している政治的なトップがいて、それが朝鮮半島に支配権を要求し、形式的にせよ、宗主国に認知されるようになった。こういうことはいえるのではないだろうか。

卑弥呼の時代と倭の五王の時代との間には、「統一政権」という問題に関して、明らかに「ジャンプ」(断絶)がある。だから、この統一政権がどういう性格のものか、これが日本古代(上古)史を理解する「最高」問題であり、かつ「発端」(原理)となる、と考えたい。

4　縄文期、日本の中心は本州東北部にあった？

(1)「縄文」と「弥生」の関係

1　焦点は、どちらが古いかは、文化度の問題ではない

倭国やヤマト王朝の中心が近畿以西にあった、ということは大古墳群の分布状況から見ても疑いのないことのように思える。

しかし、縄文時代、「日本」列島の中心地、正確には、人口集積地帯は、西ではなく東北であった、といわれていい証拠・証言が多数ある。

ある試算では、縄文発展期の総人口が26万人、西部の人口が2万人という結果が出ている。東北部に人口が偏っていたわけだ。それで注目されるのが、青森市の三内丸山遺跡が注目され、縄文期、推定最大人口500人を有し、1000年間続いたであろうといわれる。ただし、言いたいのは三内丸山のことではない。

1950年代、私たちが中・高で習った歴史では、はじめに縄文時代があって、さらに進んだ文化をもつ弥生時代があった、ということだった。

「縄文時代には、土器に現れているように、非常に複雑な文様で、技巧を凝らしてるから、優れた文化があったのではないでしょうか?」——わたしは手を挙げ、「先生」にそう質問した。

「馬鹿言え。洗練されると技巧の跡は見えなくなるのだ」と叱られた。それで、

「素焼きの壺はどうなんですか?」

「いや、それは……」

といろいろ理屈をつけられた。たしかに、いろいろな言い方はできるだろう。でもことは「芸術」論争ではない。

縄文式と弥生式は全く違う文化であるということは確かだ。つまり、違った時代と地域に発生した文化であるということだ。縄文が先に全国的に拡がって、弥生がその後拡がったことも確かだろう。この意味で、縄文時代が弥生時代に「先行」する、といってもいい。しかし、どちらが早く発生したのかと、どっちが優れているのか、は区別すべき問題だろう。

たしかに、土器だけをとれば、縄文式と言われている地域があった、それから弥生式という時期があった。弥生式は明らかに朝鮮半島の影響を受けた社会文化形成をしているということは、人口移動と分布の具合を見ると分かる。縄文式は、土着性やシャーマニズムが強いっていう「感じ」を受ける。でも、どっちが優れているか、どっちが文化的に高く、どっちが発生が早いか、という点は確定できない。

縄文式のほうが古いというんじゃなくて、日本で、縄文式のほうが早く、広い文化圏を獲得し

た、というように理解できるのではないか。

弥生式は、大陸から伝わってきたこと、その伝わった回廊もおおよそわかっている。縄文式は東北部に、関東から北・東側の方を中心にしていたことは確かだが、この文化圏が「日本」列島を覆い尽くすほど拡がったということも確かだ。

それに、三内丸山遺跡からもわかるように、縄文時代、漁撈や交易を中核とする海洋文化、日本海を自由に行き来する海洋国家の成立の可能性をさえ想像してもいい理由はある。

日本を「瑞穂の国」とするのは間違いではないが、同時に、網野善彦が主張するように、紛れもなく「海洋国」だったのだ。その伝統は、遠く縄文時代にはじまる。この海洋国家としての日本が一時的に途絶えるのは江戸時代に入ってからだ。「関が原の戦い」が終わって、徳川家康が一番先に何をしたか知っているだろうか?

1609年、大名に対して500石以上の船をもつことを禁じた。それも、西国大名がもつ500石以上の船を淡路島に全部集めて、沈めてしまった。要するに、外洋に乗り出せなくしたのだ。ただし、町船（商船）は大目に見られ、1000石くらいまでは認められる。だが、「竜骨（keel）」構造は禁止されたので、非常に脆い。背骨のない人間が泳ぐ姿を想像してほしい。「竜骨」なしでは、外洋に出ることは不可能になる。

『菜の花の沖』（司馬遼太郎）で、高田屋嘉兵衛が所有する1500石の船が、初めて、冬に、山口県の萩の辺りから直行で蝦夷に行くという場面がある。北前航路で、現在、敦賀から小樽までのフェリーボートがあるが、2〜3月頃に乗ってみるといい。夏はせせらぎほどの振動も感じられないが、冬に乗ったら物凄い。胃の中がひっくり返る。しかも運賃は安いが、30時間以上かかる。私は何回か乗ったことがあるが、いまでは何万円やるといっても、絶対乗りたくない。それくらい冬は厳しい気候条件なのだ。

しかも、嘉兵衛の時代、一枚帆船だ。航海術が容易ではなかった。ただ、日本海の場合、太平洋側とは違って、外洋に通じる大きな海流がなく、流されても樺太の向こう側とか、朝鮮半島の方に漂着するし、風待ち航路で進むことができ、難破しないかぎり大事に至らなかった。

2　縄文人はアイヌ人か？

縄文人はアイヌ人だといわれたことがある。梅原猛は、「アイヌ人は原日本人だ」といい、アイヌと縄文人をつなげている。そういう考えをしている人は案外いるのではないだろうか。「アイヌ」を「蝦夷」（に棲んでいた人）とみなすなら、つまり、広義で考えたら、そういえなくもない。しかし、「アイヌ人が原日本人だ」と言われたら、待て、と言いたくなる。「原」日本人とは、「古い」日本人のことで、アイヌが日本の原人、古い人であるかどうかは、まったくわかっていない。というより逆の証拠の方があまりにも多い。

現在の日本人に直接繋がる「原日本人」という特定のグループを抽出するのは、日本という社会の形成からいって、不可能ではないだろうか？　複数のグループが混ざり合って、それが定着してきたという他ないのではないだろうか。

同じように、縄文と弥生で重要なのは、どちらが古いとか新しいとかいう問題じゃない。別々の文化圏で、別々な発達の仕方をしてきて、それがある時代に衝突・相互浸透したと考えると、間違いないだろう。ただし、日本で最初に勢力を伸ばしたのが縄文で、その意味で「古層文化圏」を形成したとはいえるだろう。

3 吉野ヶ里と三内丸山とは似ている

縄文文化圏と弥生文化圏が最初に大規模な形で衝突した時代や場所を確定するのは、非常に難しい。

両文化圏は、何度も衝突があったが、おそらく最終的に衝突し、東北地方まで全部大和王朝の後裔たちが支配権を拡大したのは、頼朝の、義経追捕を口実とした奥州「平定」だろう。

奥州藤原氏は、「祖先」が清原氏で、清原氏の「祖先」が安倍氏で、安部氏というのは「俘囚」だろう。安倍氏は、東北地方を支配することになる大和政権とは違う出自というか、奈良朝や平安朝とは異質な、一種独立「政権」だ。「大和」に大規模な「文明の衝突」がなくなったのは、12世紀まで下がると考えたらいいだろう。

異文化が同化するのにはそれくらい長い道のりがある。ところが、弥生時代の吉野ケ里遺跡と縄文時代の三内丸山遺跡を比べてみたら、無茶苦茶よく似ている。もう少しいうと——復元したものが似ている。歴史家の想像力ってあんなもんか、というぐらいなのかもしれないけれども——規模もだいたい同じぐらい。30メートルぐらいの櫓が建った。双方、ものすごい太い。

ということは、日本の北端と西端に位置する両大集落を包む両文化圏に交流があったということだろう。こちらが栄えて衰弱した後、あちらがとってかわって栄えたというより、相互浸透の時代が長く続いたということだ。縄文から弥生に一方的に移行したのではなく、弥生から縄文への伝播も当然あったと見たほうがいい。伝播の主要ルートは、海の道を介しての港から港だ。江戸時代までは、日本は海洋・河川集落国家という姿を強く留めていたと言っていい。山の中に「都市」が出来たのは、中世社会になってからだ。しかしその場合でも、河川が主要な交通路だっただろう。

「一円領主」というのが生まれ、内陸部に立てこもって自分が領主である、「一所」懸命の主だ、と、貴族や宗教勢力と対抗し、彼らの支配権を奪っていった。

柳田国男がいうような、「海上の道」というのは南のほうから人やものがやって来た、という意味じゃなく、一番交通の便のいい港に大きな「町」集落群ができ、それらを統括する「国」ができた。それらがさまざまな形で、次々に生成消滅していく、次々に場所を変えていく、という経過をたどったのではないだろうか?

一般的にいっても、一つの都市、集落がものすごく長く栄えるというのは難しいことだ。網野善彦が語るごとく、能登半島は今は寂れているが、中世には富と人間が集積した地域で、まさに日本海交通の中継要港だった。

神戸（兵庫）は、現存する港では、最大の古い港町だ。小説『菜の花の沖』の主人公、高田屋嘉兵衛も兵庫で活躍した。その神戸が開国直後、頂点に立ち、およそ1世紀、阪神大震災で寿命が来た、と思ったほうがいい。神戸がそれまで蓄積してきた力を取り戻そうと思ったら容易なことではないだろう、と考えても間違いない。

世界で、都市国家とは違う、近代国家の政治経済の中心となった都市が初めて生まれたのは、ロンドンだ。したがって、ロンドンは、イギリスが消滅しないかぎり消滅しない。ロンドンにも消長はあるが、今でもその力は凄い。アメリカではニューヨーク、日本では東京。大阪＝浪速（なにわ）というのは、江戸時代以来、商業都市で、つい最近まで、日本のもう一つの顔だったが、港も後背地も近代産業都市としてはずいぶん狭い。江戸時代でさえ超過密地帯、過密港だった。近代社会では、東京のほうが、外国と貿易する港（横浜港）の規模においても、後背地の条件（関東平野）でも、ずっと有利だ。それもあって大阪は地盤沈下を防げなかった。

ただし、関東大震災でずいぶん大阪に有利な条件が生まれたのに、大阪は昔日の勢いを維持することはできなかった。ナショナル・ステイトの時代、国を背負った都市と、そうでない都市との差だ。東京は、まさに現代の「都市国家」なのだ。

（2）九州王朝・大和王朝・東北王朝の鼎立か？

1　多元的「国家」群？

縄文時代と弥生時代の交差を考え、朝鮮半島との連鎖を考えると、5〜6世紀頃、見方によって、「日本」列島には、最低、ヤマト倭国（＝九州王朝？）、大和国（近畿王朝）、そして、東北国（？）の成立を考えることも可能だろう。

この三つの独立国家群を考えることができたとして、その連関もさまざまに想像可能だ。この三つは別々な形で存在したのか、あるいはなだらかな形で連合しながらそれぞれの地域に棲み分けをしていたのか、それとも三者の間には支配従属とまではゆかなくとも明確な力の差があったのか、は想像するほかない。

だが、倭の五王の時代、近畿に強力な中央政権が生まれ、それが九州を掃討し全国制覇に向かって大きな歩みを開始し、ある程度、統合の橋頭堡を築いた、といっていいのではないだろうか。九州に盤踞していた勢力が、大和政権に組み込まれたということだ。

記紀の記述、「神武の東征」は、天皇家の祖先が西（九州）から東（近畿）に侵入、これを征服した「過去」の記憶が投影されたものだというより、宮崎市定（第4章2参照）がいうように、おそらく近畿から九州に侵入、征服した「最近」の事件（例えば、6世紀前半の「磐井の乱」）

を、王朝建国という遠い過去に投影したもので、「西征」（の一つ）だとみなしたほうが理解しやすいのではないだろうか。

もっとも、加羅から近畿圏までを含む連合国家がすでに成立していた場合、「政府」が大和にあって、加羅の王を盟主として迎えた（後述）と考えるなら、「西征」の前にやはり「東征」があった、とみることもできる。

問題は、「東征」というも、「西征」というも、何時、誰によってのことか？ ということだ。

2 奥州藤原氏（俘囚＝安倍→清原→藤原）の力の源泉

奥州の藤原氏は、俘囚の安倍氏から清原氏、そして藤原氏へと変遷してきた、近畿の政権から相対的に独立（曖昧な表現だが！）した奥州の「王」たるに相応しい存在＝系譜のように見える。「蝦夷」（えみし）は「あらぶる人」「まつろわぬ人」の意味で、関東以北、大和政権とは異なる政治権力下にあった人々だ。大和政権に「降伏」した人を「俘囚」と呼んでいるが、大和政権と「通商」を開き、11世紀まで相対的に独立的な政治経済文化の社会構成をもち、一方では蝦夷あるいは沿海州等にも顔を向けていた、とみなしていい。

例えば、記紀には、崇神紀で、大彦命武渟川別（おおひこのみことたけぬなかわわけ）の北陸・東国視察、景行紀で、武内宿禰（たけしうちのすくね）の東方視察と日本武尊の東国経営、毛野氏と蝦夷との確執、斉明紀では阿倍比羅夫による日本海北沿岸の征討などが記されている。しかし、いずれも、中央が政治支配権を確立した、とは記されていない。

その後、8世紀の終わりから9世紀にかけて、何度も蝦夷征伐が敢行され、坂上田村麻呂を「征夷大将軍」(令外官)に任じて攻略が繰り返されるが、「砦」という「大使館」(出先機関)の一種を常設するに留まっている。逆に、「大使」として派遣した役人が俘囚側につく(清原氏)ということさえおこった。

むしろ、すでに述べたように、縄文時代、この地域は人口の多い、「先進文化圏」として、近畿や九州文化圏とは独立体をなし、対等な交流を果たしたと見るべきだろう。その力の源泉は、豊富な金や、広域にまたがる日本海を股に掛けた海産事業と貿易だ。私たちは朝鮮半島を介した大陸との交通ばかりを考えがちだが、それ以前にも、同じ時期にも、日本海を介して、沿海州方面との人・もの・情報の交通があった、と考える当然の理由がある。

5　聖徳太子は「架空」の存在？

ギリシア人のヘロドトスが書いた『ヒストリアイ』は古代ギリシアの歴史をえがいたものではない。

内容は、古代ペルシア（東方）の歴史というべきで、ペルシアが興隆・拡大し、その勢力が地中海のギリシア（西方）に侵出した過程がたどられる。最後に、ギリシアがペルシアの侵略を撃退し、統一＝独立を果たすというところで終わる。

（1）『日本書紀』の独自性

ここには、歴史は「変化」する、「進歩」し「没落」する、という観念が息づいている。最終的には、西が勝ち、東が負けるという歴史観念が宿っている。

『日本書紀』編纂は、6、7世紀（いまだ未統一期）「日本」が、唐の対外的脅威（その典型例が、「同盟」国百済の滅亡とその復興を図って大軍を韓半島に派遣した大軍が、663年、白村江で敗北全滅する）にさらされた。この国難を回避するために、都を近江大津に移し、律令体制を準備しようとし、「天皇」位を創設、国号を「日本」とした。だが、壬申の大乱をへて、政権が変わり、都を飛鳥に戻し、律令体制を整備した。

この「天皇」＋「律令体制」の整備は、日本国創建を宣明することにあった。端的にいえば、唐からの「独立」宣言と「建国事業」の顕彰（成文化）、これが日本最初の「正史」＝日本書紀の基本性格である。

日本の最初の正史『日本書紀』は、チャイナの正史『史記』から多くを学んでいる。しかし「独立」宣言である。日本の独自性を、したがって日本に固有な性格（アイデンティティ）を表明しなければならない。そのアルファにしてオメガが「天皇」である。

『史記』は、作者司馬遷に書くことを命じた、皇帝（漢武帝）の正統性を明らかにするという根本使命を持っている。理想的な天子である（神話上の）初代「黄帝」と当代の武帝を結ぶ「正統性」の基本理念は、どの天下にも「天命」を受けた賢明な「天子」（皇帝）が必ず一人いる、天子の位は「禅譲」による（に求められる）。しかし同時に、「神話」期の黄、夏、殷、周、……秦になると、天命は「革命」（敗者は放伐され、勝者が天命をえる）というケースが出てくる。これは、秦の始皇帝以降の現実世界の皇帝位の継承を反映している。このように、作者（司馬遷）は、武帝が、理想的な天子＝黄帝の正統を引きつつ、チャイナを力で統一した秦を力で倒した漢の高祖（劉邦）から第七代、当代の武帝の帝位継承の正統性を証明する。武帝に不都合なことを（あからさまに）書くわけにはゆかない。

『日本書紀』もまったく同じだ。その編纂を命じた天武・持統天皇の「正統性」を証明＝合理化する。ただし、チャイナと日本の「正統性」の内容に、決定的な相違がある。

1　日本（日本書紀）では、天命ははじめに天照大神（皇祖神）が受け、天命をその孫に授け、この孫神が天上から高千穂峰（現実世界）に降りてくる。つまり天照大神の曾孫が神武で、東に遠征し、諸族を統一し、大和橿原で即位して、初代天皇になり、その血脈が連綿と続く。

皇統の基本理念は、「天孫降臨」であり、「万世一系」である。チャイナでは、「皇帝」は天命を受けるが、「天孫」ではない。帝位の継承は「禅譲」や「革命」によるので、血脈に基づく「万世一系」ではない。

2　初代天皇神武の即位は紀元前660年とされる。秦の始皇帝が即位した紀元前221年より400年以上も前のことだ。日本のほうがチャイナより「古い」。しかも日本（天皇）は、7世紀になってはじめてチャイナ（皇帝）と接触した。日本はチャイナ（大陸）となんの関係もなく独自に発展してきたのだから、皇帝と天皇が立つ両国の関係は、まったくの対等関係にある。だが現実は、7世紀の後半、チャイナ隋・唐による侵攻の危機にさらされた日本が、ハリネズミのようにとんがって、日本の自立、独立と不可侵を強く訴える「独立宣言」を発したのだった。

3　この時以来、日本（朝廷）は、幕末まで、「鎖国」を国是とし、いちども天皇（元首＝国王）の名で諸外国と正式の国交を結ぶことはなかった。とくに強調すべきは、日本は、日本にとっては「世界」に等しかった隣国チャイナに対して、「反チャイナ」の姿勢をとり続けてきたことだ。その是非は別として、これが日本の伝統的な国民感情（アイデンティティ）になった。

4　日本書紀では、「皇位」継承をめぐり、血なまぐさい暗殺、クーデタ、戦乱が相次いだ。

とくに激しかったのは、日本を二分した「壬申の大乱」で、この内戦の実際は日本書紀編纂時にはだれの記憶にも真新しい現代史に属している。しかも唐襲来の危機はまだ去っていなかった。（たとえていえば、明治期、征韓論、征台論が台頭するなか、清国との関係が悪化しつつあったとき、西南戦争が起こり、反乱軍が「勝利」した、というような「現実」が生まれた、と想像してみるといい⁉）

最大の難問は、当時、誰の目にも明らかな近江王朝の天智・弘文と続いた皇位継承の「正統性」を、天智から天武へ転換する新しい「正統性」を創出することであった。日本書紀編纂の二大目的の一つであり、当時の日本国内政治の最大関心事であった。

(2)「神話」の意味

△初め＝終わり＝最新

歴史にしばしば登場する「神話」、「伝説」には、事実を確証しようもない古い話やたんなる言い伝えとは異質なものがある。

むしろ論理一貫した「歴史」の「はじめ」は、「最新」を導く・「最新」まで貫かれた「はじめ」（principle＝「原理」）を明示するためにおかれるケースが多い。

「なに」からはじまるのかは、「なに」を最終結果（目的＝end）とするのか、最終的に語ろうとするものの「本質」を「なに」にするのか、にかかっている。論理的にいえば、「はじめ」は「最終」から演繹されるのだ。とくに皇帝や天皇の歴史にかぎらない。「出自」（birth）や「氏素性」（root）によって、その家系の・その当の人物の根本性格を語ろうとするケースはどの社会でも、どの時代でもごく普通にある。

『史記』は伝説上の皇帝、初代黄帝を理想的な天子に描く。これは明らかに、孔子が、（黄帝からはじまる五帝の）堯・舜を理想的な天子とし、それをモデルに治世を行なうことを諸王に説いたことにもとづいている。司馬遷は黄帝（start=origin）の正統性（理念）を受け継いだ武帝（end = the present）を顕彰する（明らかにし、その功績を広く伝える）。日本書紀もまた初代神武天皇を理想的な天子に描き、それを天武天皇が正しく受け継いでいると説く。その「はじめ」はいずれも、伝説上の人物として描かれているが、当代の天子、武帝と天武・持統帝（最後）をモデルとしているといっていい。

つまり歴史の「原初」（オリジン）として立てられるものは、「現在」を理想化したものであり、「現在」の正統性を説明し、顕彰する意図を持つということだ。「だれ」から、その「だれ」の「なに」からはじまるのか、は、たまたまでも、どうでもいいことではない。「現在」の「必然」（必要）から出てくる。

△超人かつ聖人

『日本書紀』には個性的なあるいは謎のような「人物」が多数登場する。

あたかも創業者の労苦を一身に背負い込んだ感のあるのが、初代神武天皇。

また特異な存在として、皇位には就かなかったが、『日本書紀』では「本紀」（帝王の書）として立てられて、69年のあいだ摂政を生きた神功皇后がいる。この神功皇后摂政の大空位時代、3歳で皇太子となり、皇后の死去後ようやく69歳で皇位に就いたのが応神天皇で、記述では、皇后摂政・応神紀は朝鮮半島との交接にいとまなかった。

さらに注目すべきは、「一つも善を修めぬ」ほど暴虐のかぎりを尽くした武烈天皇が亡くなり、跡嗣ぎが決まらず皇統断絶の危機があったなかで、応神天皇の五世孫で、越前から迎えられたのが継体天皇だ。この天皇の「功績」はほとんど記されていない。

また皇位継承をめぐって、兄弟たちをつぎつぎと殺して即位し、また専横はなはだしく殺戮もたえなかった雄略天皇がいる。天下は「大悪天皇」と誹謗した（ただしそのすぐあと百姓たちが「有徳天皇」と賞賛した）と記されている。

しかし『日本書紀』でなんといっても特異なのは、５９３年、20歳で推古天皇（敏達天皇の皇后）の皇太子となり、６２３年に没するまで国政をすべて任された、と記されている「摂政」聖徳太子の右に出るものはいまい。その生誕と成長の記述がめざましい。

1　生まれてすぐに言葉を発し、聖人のような知恵を持った。成人してのちは、一度に十人の訴えを聞いても、判じ分け、先々のこと（「未然」）まで知ることが出来た（超予知能力の「実例」まで示されている）。また仏法の経典と儒教の経書を学び、ことごとく修得した。

　まさに聡明なること常人を超越し、聖人なること釈迦や孔子のごとく、予知・予言能力ではキリストにならぶ、といっていい。

　2　その死の記述も麗々しい。太子が仏教を学んだ高麗の慧慈（えじ）は、母国に帰って、太子の死を聞き、「弟子」の太子を賛嘆した。

〈日本国に聖人がおられる。上宮豊聡耳皇子（かみつみやとよとみみ）ともうされる。天質を授かり、はかりしれない聖徳をもって、日本国に生まれた。聖天子の道を貫き、先帝の遺徳を受け継ぎ、三宝（仏法僧）を敬われ、黍元（百姓）の苦しみをお救いになった。これこそ実の大聖なり。

　そして誓願する。

　太子はすでにおかくれになったが、国こそ違え、太子との心の絆は断ちがたい。独り生きてなんの益があろう。自分は来年、太子が亡くなった二月同日にかならず死に、上空太子と浄土で巡り会い、太子とともに衆生に仏の教えを広めるであろう。〉

　そうして慧慈は、誓願通り亡くなった。

　日本書紀の記述では、皇位に就かなかった聖徳太子一人が、まさに大聖人の扱いを受けている。「太子伝説」というべきだろう。なお「太子」という呼称は、聖徳太子のみに与えられている。（＊なお、書紀中、「聖徳太子」という固有名は出てこない。）

△武人

ただし、書紀中における聖徳太子の真骨頂は、まず第一に武人たるところにある。皇子の政治デビューは、587年、14歳、父用明天皇が崩御して生じた皇位継承争いで、穴穂部皇子・物部守屋（大連）vs泊瀬部皇子（崇峻天皇）・蘇我馬子（大臣）の抗争に参戦したときだ。当初、戦いは守屋軍が圧倒的優勢を占めた。「誓願」なしに戦勝おぼつかなしと悟った皇子は、霊木を切り取って素早く四天王の像を造り、それを頭にくくりつけ、「いまもし我を敵に勝たせなば、必ずや護世四王のために寺塔を建てましょう」と誓いをたてた。馬子も呼応して誓願し、味方は勢いを盛り返し、守屋軍を撃破、蘇我独裁政権を生み出す礎を築いた。

太子は、この誓願で、甲冑に身を固め憤怒の形相で邪鬼を踏みつける守護神たる四天王を奉る難波の四天王寺を創建したという伝承がある。まさに四天王さながらに活躍する、荒ぶる若き皇子の面目躍如である。

592年、馬子はこの崇峻天皇を弑（しい）すると日本書紀は記す。このとき皇子がいかなる態度を取ったかの記述はない。しかし、崇峻のあと推古が皇位に就き、すぐに厩戸皇子が皇太子摂政となったと記されている。いってみれば「太子・馬子」連合政権の誕生だ。

山片蟠桃（1748~1821）が指摘したように、天皇を刺殺し、傀儡に等しい新天皇を擁立する最重大事件に、皇子（太子）が手を染めたのだ。

日本書紀には、太子が馬子とともに総指揮をとり、失敗に失敗を重ねた朝鮮半島経営の「事跡」が詳しく記されている。対新羅・任那関係における外交の主要事は「軍事」であった。ただし太子には「失敗」は許されなかったのか、太子の実際言動は記されていない。

△思想家・学者

1　聖徳太子は、「日本思想大系」（岩波書店）でも「日本の名著」（筑摩書房）でも、独立の一冊をとって、「思想家」として遇され、その著作として、『三経義疏』（勝鬘経義疏、維摩経義疏、法華経義疏）、『十七条憲法』があげられている。

「義疏」とは経綸や経書の「注釈」である。ちなみに「経」とは経典のことだが、仏教には新旧聖書やコーランのごとき「聖典」はない。経とは仏陀の教えを書き記した「文献」（岩本裕『日本仏教語辞典』）で、インドに発し、漢字に置き換えられた、本文と注釈をあわせてまるごと朝鮮半島をへて日本に伝えられた、「たぐいなき超大規模の百科全書」（谷沢永一『聖徳太子はいなかった』新潮新書　2004）である。

2　「十七条憲法」は「憲法十七条」として『日本書紀』にも出てくる、太子の「親筆」であると記され、初等「教科書」にも出てくる有名なものだ。しかし、低く評価するつもりはないが、思想書と呼びうるようなものではない。およそ「憲法」（the constitution = 国体 the structure of a state）ですらまったくない。総じていえば、二に「篤く三宝（仏教）を敬え」とあるものの、一の「和をもって貴しとせよ」をはじめ、『論語』等にある「礼法」にかなう職務上のモラルの励行を唱ったものだ。その官吏の職務規程的な性格からいって、仏教思想を語るものでも、儒教の神髄を伝えるものでもない（といっていい）。

3 『日本書紀』には、太子が天皇に『勝鬘経』や『法華経』を講じたとある。『勝鬘経』は3日で説き終えたと記す。

『勝鬘経義疏』は太子の著作ではない、と決定打を放ったのは、他でもない「日本思想大系2」の『聖徳太子集』（1975）で『勝鬘経義疏』の解説を書いた藤枝晃（1911～98）であった。最も分かりやすい点を二つあげれば、

一、中国の北朝から隋のあいだに、勝鬘経の注釈書が一〇点ほどある。そのうち、敦煌から出土した『勝鬘経本義』と太子撰述とされる『勝鬘経義疏』は、七割がた同文である。

二、日本書紀にある「講」と「撰」とは全く別の文字である。講は、経典の一節を朗読することだ。「遣隋使が持ち帰ったばかりの難しい『義疏』を、太子が天皇の前で声高く朗読したというのであれば、それは正史に記載するにたる盛事であったに違いなく、太子が超人的天才と称賛せられるのも十分に理由のあることであった。」

藤枝は、一で、『勝鬘経義疏』はせいぜいよくて「写本」であり、二で、やんわりとではあれ、太子がいかに超人的天才ではあっても、勝鬘経の注釈書を朗読するのさえ異常事であり、短期間のうちに撰述するなんて、まったく不可能であると釘を刺している。

およそ、3日ですべて説き終えたなんていうには、啓蒙書の類でなければとても無理というものので、これは日本書紀の撰述者の「もの知らず」のあらわれであり、この記述をもって三経義疏を聖徳太子の作とし、日本最古の思想書とみなそうとすること自体が無理であると言外に証している。

△実在しない虚像

1　太子の特筆すべき事業として遣隋使派遣があげられる。有名な「日出ずるところの天子、書を日没するところの天子に致す、つつがなきや」（『隋書』）の「国書」は、太子が隋の皇帝に宛てたものだといわれてきた。とんでもないことだ。

なにはさておき、「非礼」もはなはだしい。聖人同然の人間がこんなことを書くあろうはずがない。可能性ゼロ。ただし、これを読んだ隋書（作者）から見れば、「倭国」（コビトの国）が「東夷」（野蛮人）だから仕方あるまい、その不作法をきつく叱りおく、ということになる。

これは、日本書紀から見れば、聡明な太子にあるまじきことだから、荒唐無稽の類である。まして国威発揚なんてものではない。語るのさえ恥ずかしいことなのだ。

2　さすがにというか、当たり前だが、日本書紀には「東天皇敬白西皇帝」とある。「敬白」だから「つつしんでもうす」であり、礼儀にかなっている。

しかしだ。天皇の第二子に生まれ、生来たぐいまれなる才に恵まれ、瑕瑾とて一つとしてなく、文武両道に通じ、神・仏・儒をマスターし、建築・美術等の文化事業を推し進め、その行くところ不可ならざるはなき存在であった太子の「実在」を示す「証拠」は、何一つ確証されていない。いまさらいうのもおこがましいが、これが学界の「常識」だ。(「学界」を権威づけて言うのではない。)

その存命中、太子は、天皇はおろか、蘇我馬子(大臣)とさえ「一心同体」の言動をとり続けている。まるで、天皇がいなくても、馬子が存在しなくても、太子が一人三役をこなせる力量を備え、示している。これを別な光の下で見れば、天皇(女帝)の影薄く、太子がいなくても、馬子一人で十分、ということもできる。

3　太子が活躍した時代、天皇や皇太子という称号は存在しなかった。ま、これは日本書紀の記述だから措いていいだろう。問題はなぜにこんなスーパースターが日本書紀にとって、とりわけ天武・持統にとって必要であったか、ということだ。(ただし、もともとの日本書紀の「推古紀」に、聖徳太子に関する記述が存在したかどうか、という問題はここでは措く。ひいては推古天皇、馬子の「実在」を疑う理由は十分にある。)

中心はあくまでも、日本の独立宣言にかかわる。日本書紀の記述に従えば、中大兄王は蘇我氏(+聖徳太子)の朝鮮半島経略をめぐる対隋外交強硬路線が招いた国難を回避しようとして、クーデタ(大化の改新)を行なった。しかし権力を手中にした中大兄王(+藤原鎌足)は、白村江の敗戦で露呈したように、結果として、隋や唐の侵攻を呼び込むような外交上の危機を招いた。

天武・持統は、一方では、この国難を、（藤原氏等さえを取り込んで）国内結合の強化を図り、新しいチャイナとのつきあいをはかろうとすることで切り抜けようとする。それが「鎖国」と「独立」宣言だ。

通商・文化交流はするが、国交は開かない。そのモデルを架空の「聖徳太子」に求めた。チャイナ文化を完全に咀嚼し、それを日本流に消化し、普遍化する日本独自のスタイル（日本文明）を完成したのが太子であり、そのモデル（理念型）を天武・持統が実践するというわけだ。

日本書紀は、天皇（大友皇子＝弘文天皇）殺しを合理化（隠蔽）し、悪政や失敗をすべて蘇我氏に押しつけ、聖徳太子の化身として天武が登場する舞台をしつらえたというべきだろう。この大乱に終始姿を見せていないのが、中臣＝藤原鎌足（６６９年没）の跡を継いだ不比等の動向である。この点をもう少し詳しく見ていこう。

（3）『日本書紀』は「日本」最初の自画像

△独立と統一

日本の歴史は『日本書紀』によってはじめて画された。ただし端的にいえば、皇室の歴史、その正統性のルーツと系譜を明らかにすることが目的であった。そのためにチャイナの皇帝よりも古い起源をもつ日本天皇を誕生させたのである。この皇統譜にかんするかぎりで、書紀に「日本民・族（日本人）の歴史」が登場する。

日本書紀の最大の政治メッセージは、対チャイナ独立と国内統一政権の樹立宣言である。この独立宣言の直接の契機は、唐・新羅が朝鮮半島を制圧・統一し、その軍事力に百済（同盟国）が滅亡し、天智（＋藤原）政権が派遣した大軍が白村江で大敗北を喫したことにある。

同時に、天武と持統にとって重要だったのは、この国難に際して、自ら初めて「天皇」を名乗り、国号を「日本」とした天智・弘文天皇（近江朝）を打ち倒した、当時の誰の目にも焼き付いていた「事実」を糊塗して、「弘文」が即位せず、天武・持統（飛鳥朝）が皇位を正当に継承したとすることであった。

建国した日本は「鎖国」を敷く。朝鮮半島から手を引き、チャイナとは国交を開かず、遠距離外交に終始する。より重要なのは、内政の強化、自前の政治体制の構築、自主外交（遣唐使の派遣もその一つ）の展開である。

聖徳太子は、この5世紀末から6世紀後半の1世紀余りの日本が「自主独立の歴史」を推進した、外交・内政・文化・学術等すべての分野で大陸チャイナから学んで日本化（＝換骨奪胎）する力能＝主体＝超ヒーローに仕立てられた。まるで「無」から「有」を生み出す創造主の役割を担ったのである。

△「大化の改新」とは？

1　日本書紀の描写でとりわけなまなましいのは、推古紀末尾にある、中皇子（大兄王）と中臣鎌足の謀議からはじまる、「乙巳（いっし）の変」（蘇我入鹿惨殺クーデタ　645年）の場面だ。記述はこうだ。

大極殿を槍ぶすまでびしっと取り囲む。だが暗殺実行者たちが入鹿の権勢を怖れてひるむのを見てとった中皇子が、自ら大極殿に躍り込み、（天皇の面前で）入鹿の頭や肩に切りつけ、それに鼓舞された実行者たちがよってたかって入鹿を惨殺する。入鹿の死体は雨に濡れた庭にむしろを被せたまま放り出されている。まるで暗殺者たちの鼓動が聞こえてきそうな迫真の描写で、モノクロ無言劇の一シーンを見るような凄惨さが漂っている。

これが、初等「教科書」にも出てくる「大化の改新」（645）の前段（発端）に掲げられている事件だ。この事件は、日本書紀編纂期（681〜720）からみるとはるかに遠いように思える。だが、記憶にもなまなましい「現代史」なのだ。

2　この事件記述が語るのはなにか。後に現実の初代天皇になる中皇子が、ほかでもないクーデタ＝暗殺で権力を握ったという、記憶に新しい「先例」を明示することである。同時に、この暗殺事件を新時代のはじまり、現代に翻案すれば「明治維新」と位置づけることだ。つまり、聖徳太子が粒々辛苦の末に築き上げた半島「経営」が消滅し、外圧で皇統断絶・民族存続の危機ともいうべき国難を迎えた。が、国内統一とチャイナからの独立で切り抜け「建国」した、天武の

「先帝」たる天智天皇と政権担当者藤原氏の「正統性」を確認することにある。
この天智天皇の正統なる後継者たる弘文天皇を、武力で滅ぼし死に至らしめたのが天武で、「壬申の乱」は誰の目にも明らかな最新の現代（現在）史であり、紛れもない皇位簒奪事件だ。しかし皇位簒奪の「先例」は、中大兄王（＝天智天皇）その人にあった。

3　どういうことか。日本書紀の「現代史」から透けて見えるもの、とはどのような「事実」か。焦点は「蘇我氏」にある。

蘇我氏とはそもそもなにものか？　大和飛鳥に本拠をもつ大臣稲目・馬子・蝦夷・入鹿と続いた蘇我本流は、大連物部氏と並び立つ権力（パワー）の頂点に立っている。そして馬子が物部守屋を倒し、権力を独占し、「大王」（王の王）となった。いってみれば、馬子から入鹿まで、「天皇」（王の王）なのだ。欽明・敏達・用明・崇峻・推古・舒明・皇極は「存在」しない、架空の「天皇」だ。

事実、天智天皇以前に天皇は存在しない。天智以前の「天皇」はすべて「天皇」先史に属する。入鹿暗殺は、その描写内容から推しても、紛れもなく最高権力者の暗殺であり、権力簒奪劇である。中大兄が中臣（藤原）鎌足と組んで大王家蘇我氏を打ち倒した、これが「大化の改新」の内実だ。

しかし「簒奪」では皇統の正統性が失われる。蘇我氏が皇統の中心を占めるなどということはありうべきことではない。それで蘇我氏（や物部氏）を天皇家の臣下に格下げし、皇統譜から抹消し、諸天皇（皇統譜）を「創造」する。これが日本書紀の最重要な編纂目的になった。まさに「現代史」の書き換えだ。

蘇我氏（蝦夷等）は、攻め滅ぼされたとき、「国記」の一部を除いて、天皇記・国記をことごとく焼いた、と日本書紀にある。一つはこれが蘇我氏が大王家であった根拠になりうる。二つには、「焼かれた」（焼いた）ことで蘇我氏等を排除した、新しい皇統譜の作成が可能になった、といえる。

大化の暗殺事件は、天智天皇はもとより、天武天皇にとってこそ、ぜひにも「改新」といわれなければならなかった理由がある。

天智天皇を引き継いだ天武天皇にとって、そして時を同じくして生きている人たちにとっても、まさにこの事件を発端として、天皇家が、そして日本国家が創建されたからだ。この天智による天皇家創建の事実は、だれによっても、たとえ天武や持統によってさえ否定することはできない。神武からはじまった皇統（源流から諸支流）は、まさに天智天皇から「改新」して「本流」になり、もはや誰の手によってもこの流れを変えることは不能である、ということを示そうというのが、天武・持統の真意であった。

かくして天皇家の「前史」が終わり、「正史」（本史）ははじまった。

△壬申の乱——内乱

日本は、統一政権が生まれてすぐ、日本を二分する大内乱期を迎えた。近江・大津に本拠を構えた天智・弘文天皇サイドと、飛鳥・吉野を本拠とする大海人サイドの対立である。（正確にいえば、大内乱期をのりこえてはじめて統一政権が生まれた。）

日本書紀の記述に従えば、第28巻（天武紀上）が、壬申の乱1年間に宛てられている。カエサルのガリア戦記に比べるべくもないが、まさに戦記である。

冒頭、病をえた天智天皇が、大海人（皇太子）を呼び、譲位の意向を示す。

〔事実は、天智天皇の第一皇子である大友（648～72）が正式の後継者（皇太子）であった。天智は大海人が皇位を狙う意向があるかどうかを試したのだ。もし大海人が皇位を継ぐ意志を示したなら、絡め取られ、謀反者として誅殺されたに違いない。〕

大海人は、内通者の知らせによって、天智の底意（謀略）を察知し、病気を理由に譲位の申し出を辞退し、その意志を示すために、その日のうちに剃髪して吉野に籠もった。

このことから2月後の12月、天智天皇は亡くなられた。翌年5月、朝廷が武備を固め、大海人を攻撃する準備を整えていると、内通するものがあった。調べたところ事実である。そこで大海人は立起することを決意し、6月の末、美濃の国（東国）へ向けて軍を発する。（ただしこのときすでに、大海人が近江政権の中枢をしめる諸族の「内通」＝「同意」を得ていなければ、立起する可能性は低かっただろう。）

〔なぜ美濃か？　すでに、飛鳥から南と東、吉野から伊賀、伊勢、美濃方面で、大海人は戦いの準備を整えていたからだろう。大海人軍（南朝）は東と南から、近江（北朝）を包み込むようにして（先制）攻撃をかけようというわけだ。〕

この大海人（反乱）軍の先制攻撃に対して、朝廷は全国に派兵を命じ、総掛かりで対応しようとしたが、（南朝の根回しが早く）朝廷の命令に応じるものが少なかった。

南軍は、一進一退を続けながらも、その本隊が急進して美濃をへて琵琶湖北から近江に侵入し、北軍を大津から追い出した。大和で両軍入り乱れた戦いが展開される。両軍の勝敗を分けた決戦は、大友と大海人が直接対峙した7月22日の瀬田橋をはさんだ激戦であった。23日、近江軍の敗北で決着が付き、大友皇子は自刃して果てる。

この戦記のどこをどのように読んでも、天智・弘文天皇＝朝廷に対する大海人の用意周到なる反乱の成功劇、皇位簒奪の大がかりな再演であった。

第1回目は、中大兄王が蘇我氏から権力を奪った謀略（クーデタ）である。ただしこのときは権力簒奪ではあったが、事実は「皇位」簒奪ではなかった（「皇位」はまだ存在していない）。

第2回目は、日本「全国」を巻き込んだ内乱であり、最終的には両軍の激突で幕が閉じられた。決戦に敗れたが、朝廷＝北軍の抵抗は強く、敗戦処理に1月以上かかっていることも、記憶しておいていい。

しかも驚くべきことは、この規模、軍の動かした範囲の大きさだけではない。大海人軍の迅速果敢な攻撃である。立起から決戦勝利まで1月とかかっていないのだ。同時に忘れてならないのは、孤立したかに見える朝廷軍の攻撃力も並々ではなかったことだ。そしてもっとも不可思議なのは、天武・持統期に政治の表舞台に登場する藤原（不比等）の動向が記されていないこと。

勝てば官軍である。日本書紀は「戦勝記念の記録」でもある。大友皇子は、太政大臣にはなったが、皇位を継いでいない。皇位は天智から天武が継いだ。したがって、壬申の乱は、大友皇子側の「反乱」で、天武にとっては「聖戦」であった。かくして日本の統一、皇統は、ついに分裂要因が除かれ、盤石となり、都も北朝（近江朝）から神武以来の都、飛鳥に戻った。そして特記すべきは、この大乱後、藤原不比等が二人の天皇・文武と聖武の「外祖父」として権力の中枢に立っていることだ。

（4）『日本書紀』とどう向きあうか

△『日本書紀』は日本創世記を知る第一次資料である

『日本書紀』の錯誤や矛盾を衝くことはそれほど難しくない。その研究も進んでいる。また、この書を非科学的な産物である、イデオロギーの迷妄である、と切り捨てるのも簡単だ。

しかし8世紀に成立した、日本国創世記とでもいうべきこの物語の枠組みを突き崩すのは、ほとんど不可能である、といわなければならない。なぜか。

日本の歴史に参入しようとすれば、日本書紀に登場する人名、地名、年代、記述内容等のすべてにわたっていちいちその当否を検討し、検証し、訂正して進むのは、ほとんど不可能に近いほど難しいからだ。むしろまったく新しい創世記を書くほうがずっと容易であるように思える。ただし、日本書紀を無視して、まったく新規の日本創世記を書いても、ほとんどの日本人に迎え入れられることはないだろう。それこそ「礎石」のない空中楼閣とみなされるだろう。

しかも日本書紀にとらわれるか否かにかかわらず、日本人の共同意識（無意識）も、学的意識も、日本書紀の枠組みにすでにとらわれ続けてきたのだ。それはあたかも正しい日本語を書き話すためには、すでにあるさまざまな誤謬と矛盾を内包する日本語を用いてする他ない、ことと同意である。つまりは、日本書紀の枠組みを前提にしないかぎり、日本書紀を正しく読解し、よりよい（真っ当な real）日本創世記を生み出すことは出来ないということである。

歴史とは理解であり、解釈であり、改釈である。この理解・解釈・改釈する日本史の動かし難い「前提」が、まさに日本書紀なのだ。これを大前提として私たちは「まず」出発せざるをえない。

日本書紀の最大ヒーロで、超人かつ聖人という他ない聖徳太子が、「実在」する人物の血や肉をもっていないことは、推古紀を一読すればだれもが認めざるをえない。しかも、太子実在の「証拠」はまったくない。それでも実在しないといって太子を、歴史から、天皇記から抹殺することは、よほどの覚悟を持ってやらないと、抹殺した本人が狂人扱いを受ける。

太子「実在」の証拠はない。だが太子「不在」の証拠もまたない。そもそも「不在」なもののアリバイ（不在証明）を証明することは出来ない。これが哲学の論理である。せいぜいできるのは、太子は、実は「別物」として実在した、太子の正体は「〇×」であった、ということにすぎない。太子は馬子だった、という具合にである。じゃあ「馬子」とは自明な実在なのか。その証拠は「記録」しかない。馬子が活躍した主舞台こそ日本書紀（記録）ではないか。

本書でわたしが多少推論したように、推古・馬子・太子の三人は、天皇が歴史に登場する以前の、最も顕著な最高権威・権力者である。三人のうちでいちばん影が薄いのは推古だ。また超人としか思えない太子には、生きている人間特有の実在感がまったくない。しかしである。ほかでもない馬子が天皇史の前史を飾る王だとすれば、紛れもなく皇統を飾るにふさわしい血脈にある「天皇」である。しかし馬子＝「天皇」である確実な証拠はなにもない。改釈である（にすぎない）。

日本書紀で最も注視すべきは、最初の天皇として即位した天智天皇から天武天皇への皇位継承を、日本書紀に基づけつつ、より広い視野で理解し、改釈し、説明し、記述し直すことである。ここで哲学の力が試される。

考え、論を起こし、説明をくわえ、天智・天武の時代を生きた人を説得するにたる日本紀を書くことである。さらにいえば、現在と将来の日本人に理解可能で説得可能な仕方で書き直すことである。

この説明し直し、書き直しは、日本書紀を無視し、飛び越してしまっては、不可能だ。同時に、日本書紀にとらわれて、それを飛び越さず、当時（現代史）の意識（とくに天武・持統天皇の意向）に捕捉されたままでは、とてものこと不可能である。これが「改釈」につねにともなうジレンマだ。快刀乱麻を断つような改釈は、記録のほとんどない・残っていない時代を対象とする場合、稀の稀、ほとんど不可能であるとみなしたほうがいい。

それでも学的意識という点でいえば、聖徳太子不在説は、まだまだ正面切って述べる人は少数派だが、すでに学界レベルでは「常識」の類になっている。これが大衆（多数）の常識になるまでどれくらいの日時を必要とするのか、明言できないが、大いなる可能性はある。まさにそのとき、聖徳太子は英雄伝説のなかで生き生きと甦るだろう。

△新しい日本創世記を

哲学の大事な仕事の一つに、『日本書紀』がめざしたように、日本国創建の自画像を描くことがある。そんなことは歴史家の仕事ではないか、というなかれ。大冒険にふさわしい日本歴史の書き換えに挑んだかの司馬遼太郎でさえ、この時期の歴史を書き記そうとはしなかった。正確にはできなかったと、いうべきだろう。

簡潔でより説得的な日本・天皇誕生紀（正史）や記（私記）を書くのは、歴史学（者）や歴史（家）とともに、哲学（者）にもふさわしい役目ではないだろうか。むしろ哲学に求められている課題ではなかろうか。わたしはそう考えている。独断でいえば、哲学（だけ）がよくなしとげることができる仕事である。最低でも、哲学は（だけが）この課題を広く要請し続けるべきである。

日本書紀で、一、馬子独裁から蘇我氏の滅亡まで、二、天智の天皇即位から壬申の乱を通って天智・天武の統一国家の自立に至るまで、この一と二を中心とするおよそ150年間の日本創世記でいい。あるいはもっと焦点を絞って、天智から天武への権力移行期だけでもいい。端的にいえば、白村江の戦いから壬申の乱まででいい。一民族が、その誕生の「瞬間」(moment)の歴史を持つことは、どんなに大切なことか。問題はその民族のアイデンティティいかんにかかっている。

幸運なことに、日本は、チャイナ文明の影響下にありながら、日本独自の文明をもつことができた。世界のどの文明にも還元不可能な独自で豊かな文明である。その最初の精華が『日本書紀』であり『万葉集』である。「皇統」であり「日本語」である。ともに日本人の民族意識、共同の無意識の源泉である。端的に日本人の「自然」といっていい。

〔①『日本書紀』②『日本書紀』（大日本文庫　春陽堂　1934）同（日本古典文学大系67・68　岩波書店）同（岩波文庫　上中下　新版一～五）同（日本の名著1　中央公論）同（講談社学術文庫）同（中公クラシック）同（河出文庫）『聖徳太子集』（日本思想大系2　岩波書店）『聖徳太子』（日本の名著2　中央

公論社）③山田英雄『日本書紀』（教育社歴史新書　1979）岡田英弘『歴史とはなにか』（文春新書　2001）同『倭国の時代』（朝日文庫　1994）同『日本史の誕生』（弓立社　1994）谷沢永一『聖徳太子はいなかった』（新潮新書　2004）」

6　天王から天皇へ

(1)「王」というのは地域の支配者。「天王」は統一国家の長

以下は宮崎市定説からの参照だ。

「王」というのは豪族で、中央の統一政権にたいする一地方の支配者。「倭奴国王」、高句麗の「好太王」は、地域のトップ。その「王」位を与え(＝認定し)たのがチャイナ皇帝。

「天王」という称号は、秦よりさらに前の春秋時代にはじまった、周王を指す呼び方。周は春秋時代よりも古い。ところが、秦以来、中央のトップが皇帝と称するようになり、一時、天王の称号は消滅する。ところが、秦、漢と強力な統一国家が生まれたのち、3世紀頃からチャイナは四分五裂してゆく。これはチャイナでも朝鮮でも同じで、諸王の上に立つ統一的政府をもちながら、複数のため、「皇帝」僭称をはばかった「王の中の王」たちが、「天王」の名を再び復活させてくる。

チャイナが分立国家になり、それがある程度固定化すると、我も天王、彼も天王ということになる。例えば、三国時代、最も辺境の地に押し込められた蜀の劉備玄徳は「皇帝」を名のるが、天王のほうもどんどんインフレしていって、たんに国王の意味に広く用いられるようになる。

(2) 皇帝に対するに天皇をもってする

日本の場合、皇帝に対する「王」から、「諸王の王」つまり「天王」に昇格する過程は、チャイナから相対的に独自な統一国家の成立過程と軌を一にしていると思われる。

日本書紀の雄略記（宮内庁図書寮本）に、「天王」が出てくる。

「辛丑年、蓋鹵（がいろ）王は弟昆支君を遣わし、大倭に向かわせ、天王に侍せしめ、以て兄王の好を脩めしむ。」（原文漢文）

＊後世の写本では「天王」の箇所が「天皇」となっているが、「天王」が正しく、後に「天皇」に書き改められていったと推察できる。

それはともかく、記述内容からは、百済「王」に対して、大和「天王」を対置し、優越感を出そうとしている文意が十分読みとれる。

日本書紀は、諸外国に対して、日本がいかなる歴史存在であるのかをアピールする目的をもって書かれたので、朝鮮はチャイナの属領、日本は独立国だ、と主張するのは自然だ。

ところが、チャイナに随、続いて唐という文字通りの大「統一国家」が生まれ、長い間途絶えていた国交を開く必要が出てくる。「朝貢」だ。それでも、日本は独立国としての気概を示したい。国内情勢もそれを要求している。それで、皇帝に対して天王では、どうしても、一段と下がった地位を主張するだけで、主権ある独立国の長としてはまずい、という自尊とも尊大増長慢ともとれる態度に出る必要があった。皇帝に対するに天皇をもってしたと思える。もちろん、日本とチャイナとは「対等」だ、などという内容の親書を隋にもっていったら大変なことになると予想される。使節はおそらく親書を「改竄」し奏上しただろうが。

ただ、このとき、天皇が天王に取って替わる、正式かつ効力ある称号だったかとなると、そうではなかっただろう。

天皇が正式に、天王に代わって、自他共に許す、独立「日本」の最高権力者の称号として用いられるようになるのは、飛鳥浄御原令を待たなければならない（だろう）。持統（＝讃良（さらら））の代だ。

（3）俗権と聖権

それからもう一つ、忘れてならないのは、皇帝と天皇にまつわる、俗権と聖権の関係だ。チャイナは、秦・漢という強力な帝国が滅びる。皇帝は形だけ存続してゆくが、各地にどんどん天王が出てきて、皇帝の影はどんどん薄くなってゆく。

例えば、魏王の曹操にとって、漢の血を引く皇帝は、いうところの「玉」（ぎょく）だ。自分の権力を正統化するための「権威」で、露骨に言えば、「担保」。そして、曹操が死ぬとその子曹丕が帝位を禅譲し、文帝になる。ただちに、蜀の玄徳、呉の孫権も皇帝を名のる。皇帝が三人となると、大インフレ。

ところが、魏氏が帝位に就くと、次第に貴族化し、実権を宰相の司馬氏に握られ、ついには帝位を司馬氏に禅譲しなければならなくなる。できた国が晋。

チャイナには、聖俗一体というか、俗権を超越した象徴としての皇帝という考えは稀薄。したがって、俗権を握っている皇帝が倒れると、王朝が代わるという、王朝興亡の歴史なのだ。

おそらく、日本では、統一政権がヤマトにできた当初から、天王家が、世俗権力であると同時に超俗的・宗教的権威であって、俗と聖の両側面をもちながら、政治支配権の争奪に直接参加していたと思っていい。

記紀の編纂による天皇家の「歴史」(物語)が実体化されてゆくにしたがって、いわゆる「万世一系」の原則が確立するとともに、天皇家が超俗的存在に一元化されていった。代わって俗権を握ったのが藤原氏だ。(正確にいえば、聖と俗の分離という構図を描き、実体化していったのは藤原不比等だった、と考える。)ここに聖俗二重構造の国家が成立する。それが文字通りの大和朝廷だ。そして、政権に興亡があっても朝廷は不変、という日本の「国体」が不動なものとなったのだ。これはまさに、すごい発見であり、日本はこの政治上の発見を一貫して持続してきた、ということができるのだ。(これを順を追って明示しよう。)

第2章

「大化改新」の謎――聖徳太子とは誰か?

0 「聖徳太子」の「正体」がわかれば、古代史の謎が解ける?

神武天皇が「実在」したなんて、誰も信じていないだろう。崇神天皇は「実在」した? 応神天皇はどう?

第1に、彼らは「天皇」ではない。それでは、ずーっと下って、継体天皇はいただろうか? 継体も「天皇」ではない。わたしは、継体は大和以外の「越」(越前?)から来た、「外種」(?)で、雄略天皇は「倭の五王」の最後の「武」ではなかろうか、と学校で習った。

ところで、あらためて確認しておくが、神武とか応神というのは漢風の「諡(おくりな)」、生前の功績をたたえて死後に贈った名だ。神武の国風諡は「カムヤマトイワレヒコ」で、記紀とも同じ、実名は、日本書紀ではヒコホホデミ、古事記ではワカミケヌ・トヨミケヌ。

つまり、わたしたちが天皇の名として普段用いているのは、漢風諡で、神武から持統までは、8世紀後半時につけられたということになる。実に面倒くさい。でも仕方ない。これからも、習いおぼえた漢風諡で呼ぶことにする。

ところで、以下は石渡(いしわたり)信一郎(1926~2017)説の「肩」に乗った、私なりの要約にすぎない。石渡の大胆「結論」をまずテーゼ風に示してみよう。そう、大方は、石渡の「名」さえ知らないかもしれない。まず略歴と主著だ。

＊石渡信一郎（1926～2017）　1953、東京文理科大学（現筑波大学）文学部卒　都立千歳高教諭（1953～1977）　主著はすべて三一書房刊。
1『応神陵の被葬者はだれか』（1990）、2『蘇我馬子は大王だった』（1991）、3『日本書紀の秘密』（1992）、4『聖徳太子はいなかった』（1992）、5『古代蝦夷と天皇家』（1994）、6『日本古代国家と部落の起源』（1994）、等々。他に、『日本古代王朝の成立と百済』（1988）等がある。

わたしが教えられたのは1～4であった。
その教示点をテーゼ化しよう。
1　神武、崇神、応神だけが、歴代天皇の中で「神」の字をもつ。特別の存在と思っていい。
2　記紀では、神武は「建国」者である。同じく、「神」の一字をもつ崇神、応神も「建国者」とみてまちがいないだろう。
崇神は、4世紀中頃、朝鮮半島の南部加羅と九州から畿内を越えて東北部の一部を含む広い支配領域をもっていた、ゆるやかな連合国家、倭（ヤマト）国の建国者だ。「都」は畿内にあった。
応神は、百済王の弟でナンバー2の地位にあった「昆支（こんき）」で、461年ごろ、倭国に渡来し、崇神王朝の入り婿になる。彼は、477年ころ、義兄の「興」の死後、倭国王「武」になり、5世紀末、畿内大和を中心とする百済系をトップにもつ新しい統一王朝、ヤマト王朝を建国した。

（＊ただし、わたしは、応神が「ヘッド・ハンティング」された王であると考える）。すなわち、神武は、実在するヤマト朝廷の「始祖」、応神＝武の「虚像」である。

3　継体は、応神＝昆支の弟で、ともに渡来し、兄の後を受けて天王位につく。

4　欽明は、応神＝昆支の子で、531年クーデタで権力を握る。

5　蘇我氏は、昆支直系の天王家で、稲目は欽明に当たる。

6　蘇我稲目の子、馬子（大臣）と物部守屋（大連）の争いは、応神系と継体系の天王二家の争いだ。争いは、馬子側＝応神系の圧倒的勝利で終わる。

7　聖徳太子、用明天皇は、ともに天王馬子の架空の分身である。

8　「大化改新」とは、継体系の彦人大兄＝物部守屋が馬子によって殺され、王位継承権を奪われたことを不当として、先の天王蘇我蝦夷、天王入鹿がとった反唐的外交政策＝親百済・反新羅路線の転換を掲げた、継体系の中大兄と中臣鎌足を中心とするクーデタであった。

9　権力を簒奪した中大兄と、父が継体系・母が蘇我系であり、馬子の孫＝継体系天王宗家の長子であった古人大兄（＝大海人）との長期にわたる争いが決着を見るのは、「壬申の乱」を経た後である。すなわち大和朝廷の本格始動だ。

10　記紀は、大和朝廷の「起源」が百済の王家に発することを隠し、昆支＝応神＝蘇我系天王家と昆支の弟＝継体系天王家の対立と抗争を、蘇我をたんなる豪族に貶めることで、部分的なものに染め上げ、「予定調和」的な王朝歴史を描こうとした。

驚かれないだろうか？　無数の疑問が湧く。フツフツとだ。でも、古代史に一つ「筋」がスッと通る、感に襲われた。古代史像にフッとまとまりのある「絵」が浮かぶ。まるで魔力だ。まず、哲学者の伝法、「われ疑う、故にわれ信じる」の伝（way）で行くことにする。

1　倭国とは何か？

（1）さまざまな「倭王」

チャイナから見ると、朝鮮半島の先、海を隔ててある地区は、一様に、チャイナの属領「倭国」である。「倭国」のありさまを報告しなければならないチャイナの官吏から見れば、連続した一つの「倭国」でも、倭国にもいろいろ種類がありまして、と言えるほど、時代によって性格の異なった倭国が存在した。つまり、「倭国」と呼ばれた地域は非連続の「国」で、まず、チャイナの「正史」に出てくる、倭人、ないしは倭国は、かならずしも同じ一つの国と人を示しているのではない、ということを確認したい。

「他人」や「他国」に、あまりよくも知らない状態で出会うと、人も国柄も一様に見えてしまうものだ。わたしたちが、第二次世界大戦後、日本に進駐してきた無数のアメリカ人一人ひとりの区別が付かなかったのも、同じ理由からだろう。特に黒人の区別が付きかねた。しかし、何度かつきあううちに、名前と個体が識別できるようになる。でも、彼らの背後にあるアメリカの歴史は、私にとっては、リンカーンの奴隷解放の国であり、フォードの車社会であって、後にTVドラマ「ラッシー」を見るまでは、ぼろトラックと無医村の農業社会だなどとは思ってもみなかった。

これは、貧しい社会から豊かな社会を見たときの印象だが、豊かな社会から貧しい社会を想像したり、見る場合、いっそう単色に見えることだろう。日本を「フジヤマ、トビウオ、ゲイシャ」でイメージする西欧人は、今でも少なからずいるのではないだろうか。

それはともかく、大まかにいっても、「倭国」は以下のような「時間と空間」、つまり「歴史」上の区別をもって存在したのだった。

1　『前漢書』に出てくる「倭人」は、紀元前後の状態を指していると思われるが、「百余国」に分かれている、と記されている。

2　博多湾の出口にある志賀島から発見された金印は、57年、漢の光武帝に朝貢したときに授けられたものだとされている（『後漢書』東夷伝）。その印に彫られていたのが「漢委奴国王」という文字。ただし、この文字から推すと、金印は訳の分からないものらしい。

第一、「漢」とあるが、チャイナの皇帝は宇宙にただ一人、したがって、自らを「漢」の皇帝だなどと名のる必要はなかった。

「漢」の皇帝に公認された国王、という意味の印を、何のために、どう用いようとしたのか、まるで分からない、と宮崎市定さん（第4章2参照）はいう。私もそう思う。

第二に、この「委奴国」は「倭の奴国」、すなわち、「倭」国のなかの一国、「奴」国なのか、それとも、後の『魏志』倭人伝に出てくる「いと」（委奴）国なのか、分からない。しかし、九州にある倭国の一国が、漢に朝貢した様をうかがわせている。

いずれにしても、「奴」も「いと」も、卑弥呼の支配する国として、後に『魏志』倭人伝に出てくる。

ただし、次の3と4から推して、「倭」という統一政権（王朝）ができていなかったことは確かだろう。

3 『後漢書』東夷伝には、107年、倭国王が朝貢した、とか、2世紀半ば以降、倭国で長い間内乱が続いた、と記されている。

4 『魏志』倭人伝には、239年、「邪馬壹国」の女王卑弥呼が使者を送り、魏に朝貢し、「親魏倭王」の金印を賜った、とある。この国は卑弥呼の時代、女王の下に統治が行き届いていたようで、かなりの数の国がまとまりをもつ「連合」国家の様子がうかがる。しかし、「女王に属さない国」があると明記されているように、「倭国」は連合国家でさえなかった、と見るのが妥当だろう。しかも、「倭」国の「平和と統一」も一時的で、『晋書』では、女王の死後、内乱が起こり、ふたたび女王（壱与）が立って、平和が戻った、と記されている。

5 この後、150年間、チャイナの正史に倭国は登場していない。そして、『晋書』に、413年、倭王が東晋に朝貢した、とある。この倭王が他の史書の記述と照らし合わせて、倭王讃ではないか、と推定される。

6　そして、『宋書』が伝えるように、421年から、讃・珍・済・興・武の五王が宋（南宋）に朝貢を繰り返した。「武」は、宋を承けた斉と梁にも朝貢している。

宋から見れば、この倭国の五王は、それ以前の正史に見える「倭国」、端的には、倭国＝「邪馬壹国」と一続きのものに思えるだろう。だが、どうもそうではないようなのだ。

（2）緩やかな連合国家の誕生

チャイナの史書に登場する「倭」をこのように並べてみると、同じ「倭国」といっても、「邪馬壹国」の壱与（いよ）の時代まで、分立した諸国からなっていたように思われ、いまだ統一国家はならず、ということになる。

＊ところで、弥生時代から古墳時代の1000年間に、朝鮮半島から100万人以上が渡ってきたと推定されている。これによって、日本列島の人口分布は、かつて優位にあった東北部から、南西部に重心移動があったことがわかる。この人たちの子孫を中心に、朝鮮半島の最南部の加羅を含む緩やかな連合国家、日本最初の統一政権国家が生まれた、と考えていいのではないだろうか。

人口分布と人口密度の推移							
時代	縄文時代 早期	 前期	 中期	 後期	 晩期	弥生 時代	土師器 時代
東北	2,000 (0.03)	19,200 (0.29)	46,700 (0.70)	43,800 (0.65)	39,500 (0.59)	33,400 (0.50)	288,600 (4.31)
関東	9,700 (0.30)	42,800 (1.34)	95,400 (2.98)	51,600 (1.61)	7,700 (0.24)	99,000 (3.09)	943,300 (29.48)
北陸	400 (0.02)	4,200 (0.17)	24,600 (0.98)	15,700 (0.63)	5,100 (0.20)	20,700 (0.83)	491,800 (19.67)
中部	3,000 (0.10)	25,300 (0.84)	71,900 (2.40)	22,000 (0.73)	6,000 (0.20)	84,200 (2.81)	289,700 (9.66)
東海	2,200 (0.16)	5,000 (0.36)	13,200 (0.94)	7,600 (0.54)	6,600 (0.47)	55,300 (3.95)	298,700 (21.34)
近畿	300 (0.01)	1,700 (0.05)	2,800 (0.09)	4,400 (0.14)	2,100 (0.07)	108,300 (3.38)	1,217,300 (38.04)
中国	400 (0.01)	1,300 (0.04)	1,200 (0.04)	2,400 (0.07)	2,000 (0.06)	58,800 (1.84)	839,400 (26.23)
四国	200 (0.01)	400 (0.02)	200 (0.01)	2,700 (0.14)	500 (0.03)	30,100 (1.58)	320,600 (16.87)
九州	1,900 (0.05)	5,600 (0.13)	5,300 (0.13)	10,100 (0.24)	6,300 (0.15)	105,100 (2.50)	710,400 (16.91)
全国	20,100 (0.07)	105,500 (0.36)	261,300 (0.89)	160,300 (0.55)	75,800 (0.26)	594,900 (2.02)	5,399,800 (18.37)

注：(　)内は100平方キロあたりの人口密度

＊人口分布の移動（佐々木高明『日本史の誕生』（集英社　1991）。なお、この表は、小山修三「縄文文化の成熟と植物栽培の意味」『畑作文化の誕生』日本放送出版協会・1988年から引かれている。各時代の各地の人口は、土師（はじ）時代（８世紀中頃）の人口をもとに推定される）

教科書類には、加羅は朝鮮半島やチャイナに向いた日本の橋頭堡、倭国の植民地のように書かれている。

しかし、4世紀から突如という形で出現する大古墳群と大量の鉄製武器や農機具と、それと踵を接するように消滅する青銅器から推して、この時期、従来の倭国とは「文化」を異にする権力が登場し、瞬く間に畿内を越えて東国の一部までも含む国家を形成した、と考える他ないように思える。

そして、この新しい文化と権力の担い手は、従来の倭国から内在的に進化したものとはとうてい思えない。鉄文化をもって登場したのだから、軍事力も強力だ。邪馬壹国が示した旧文化（非鉄文化）と、新文化（鉄文化）の間には、はっきりした「飛躍点」がある。結論を言えば、こういうことだ。

1　この新文化と権力の担い手は、加羅（南朝鮮）の王と渡来人。

2　3世紀半ばまで、加羅の地は12の国に分かれた「弁韓」と呼ばれている（『魏志』鮮卑烏丸東夷伝弁辰）。この地に南加羅を中心とする連合体が生まれるのは、4世紀前半と推定され、この時期、朝鮮半島では、晋が衰退した好機を狙って、北の高句麗が伸張し、楽浪郡、帯方郡を滅ぼし、北朝鮮に強力な権力を築いた。これに対応するかのように、馬韓・弁韓・辰韓が滅び、百済、新羅という「統一」国家が生まれた。加羅は6国の連合体で、南加羅の王（首露）が初代の盟主となり、4世紀の半ばに日本に渡来して、すでに南加羅を中心とした渡来人の新文化と新技術で緩やかな統一体をなしていた新倭国の初代の王になった、というのが石渡信一郎の大胆な説だ。だが、この推断で私も胸のつかえが降りたような気持ちがした。

この加羅連合国の盟主が、ヤマト王朝の初代の崇神だが、通説では、ヤマトが百済と連合して新羅を破り、加羅（任那）を日本の出先機関にした、ということになっていた。

しかし、新しい統一国家には、新しい血と文化を迎えて盟主とする、というのはいかにも「ヤマト」（日本）らしいではないか。石渡説は、新しい文化、新しい政権、新しい国造り、新しい血という点で、きわめて新鮮かつダイナミックな考えだ。

とはいえ、この新しい倭国は、強力な統一体とはいえない。たしかに「邪馬壹国」をなんらかの理由で制圧するようなことはあったかもしれないが、この新倭国の力は、高い文化とビジネスの力によるところが大きかったのではないか。「統一性」を保証する中央と地方をつなぐ権力の「凝集力」に欠けるような気がする。

つまり、新しいパワーが大量に流入した結果生まれた政権は、新しいパワーの武力による統合というより、旧パワーが、高句麗、新羅、百済が統一国家を形成したという同時代の国際（international= 国家間）条件に触発されるような形で、新パワーを受け入れたということだった、と思える。人間も含めた、一種の「文化」輸入というものだ。

この連合統一国家が、より強力な統一国家になるためには、さらに高い階段への飛躍、新しい国造り、を経なければならない。

等々、実に「大胆」なことを書いたが、歴史の素人にとって、「通説」は大切でも、なによりも、「文化の中心は移動する」、という世界史の鉄則に従いたいからでもある。

もちろん、旧文化が新文化に粉々にされた、と考える必要はない。新文化が旧文化を駆逐する仕方は、粉砕ではなく、「古い皮袋に新しい酒を入れる」という行き方をあえて取ることもある。古い勢力との融和、いわゆる「本歌取り」で、日本の歴史はむしろこのスタイルを証明しているように思える。

2　倭の五王

(1)　倭の五王とは誰か?

1　「倭の五王」について知っているだろうか?　知らなくても、「倭の五王とは誰か?」は重要な「上代史」理解の鍵だ。

ところで、私が日本「古代」(上代+古代)史理解で依拠している石渡信一郎と宮崎市定は、まったく対極的位置にある歴史家だ。

宮崎は、記紀に限らず、古い記録にたいする文献学的研究は、その「内容に対する信頼」度から推して、出発はチャイナでなければならない、記録に誤謬があるかもしれないが、誤謬が誤謬だと分かれば、「一種の真実」に他ならない。問題は、どれだけ豊かな情報源であるか、否かにかかっている、という。その通りだ。

石渡は、古代史の謎が解き明かされないのは、記紀の盲信にある。最新の「技術」を活用した考古学や人類学の成果を用いた、より「客観的」=自然科学的調査がないがしろにされているからだ、と力説する。その通りだ。しかし、より重要なのは、「歴史」は「記録」(書かれたもの)である、という宮崎の研究を「主」、考古学調査や遺伝子研究を「傍証」と見なす。ただしだ。

倭の五王の比定でも、二人はまったく違った結論に達する。私は、結論としては石渡説を採用するが、宮崎説を排しているわけではない。宮崎による5世紀東アジア情勢「分析」をベースに、石渡説を援用する。両極は一致する、という屁理屈めいたことをいいたいのではない。私の「歴史像」が（一応のところ）落ち着くからだ。

2　まず、通説。

讃は応神、仁徳、履中、珍は反正、仁徳、済は允恭、興は安康、武は雄略、に対応する。対して、石渡は、通説の武が雄略であるのは確かだ、と定点を立て、宋書にもとづいて、讃と珍は兄弟、済の子が興と武である、という系図を描き、歴代天皇の系譜から逆算・比定する方法をとる。

3　ところが、武は応神＝ホムタワケ（新しい王朝の創建者）でなければならない、というのが石渡説の定点。興は？　済はホムダマワカ、珍はワカキニイリヒコ、讃はイニシキイリヒコで、遡って垂仁、崇神という系譜を描く。加羅の盟主にして、初代のヤマト王朝の崇神の系譜だ。記紀の天皇系譜に比定できないというわけだ。

何か、現在の日本人の立場からは、頼りないなあ、と思えて仕方ないが、卑弥呼の国の事跡も取り込んだ形の記紀の天皇譜と、「現実」のトップ交代劇は、合致するほうがむしろ不思議だろう。

問題の中心は、倭の五王が、加羅系の崇神王朝の子孫と合致していることと、最後の武が、緩やかな連合国家から、新しい統一国家、百済系のヤマト王朝のトップランナーになった、ということを押さえておくべきだろう。

では、崇神王朝とはどんな性格の政権なのか？　鉄文化に焦点を当てて述べてみよう。

（2）「鉄文化」がやってきた

宮崎説を援用する。

金属文化は、紀元前2000年ころ、西アジアのバビロン市あたりに生まれ、東進する。最初は銅、ついで銅に錫を加えた青銅が主体。青銅は、鋳造が容易で、材木を伐る、石を切り出す、狩猟をする、その他、生産用具として抜群の働きをした。もちろん、軍事に用いられる。

この銅器、青銅器がチャイナに達するのに、約1000年かかった。しかし、青銅より鉄器のほうが生産用具としても武器としても、堅く、原料がふんだんにあり、使いやすく、鋭利だ。そういえば、従来の青銅器の剣に対して、「まったく新しい金属の剣」を見いだし、一族を滅ぼした敵を倒す古代英雄伝説の映画を見たことがある。シュワルツェネッガー主演（『コナン・ザ・グレート』1982）だった。おそらく鉄を鍛えた剣だったのだろう。

鉄器は、最初、銅器の補助物として利用されたが、その独自の発達を見たのは、紀元前800年ころからだ。それがふたたび東進する。

銅器が1000年かかってチャイナに伝わったのに対して、500年のスピードで伝わる。

チャイナでいうと、春秋の末期、孔子が生きていた時代だ。後に、戦国七雄が覇権を競う時代が始まり、はじめての統一国家が誕生する。秦の始皇帝によってだ。

チャイナに到達した青銅器文化は、陸づたいに朝鮮半島に入り、南朝鮮まで前進。戦国時代にチャイナに入ってきた鉄器文化が、青銅器文化の後を追いかける。だが、鉄器文化の伝わり方が速かったため、日本には「ほとんど同時」に入ってきた。日本に固有な意味での青銅器文化が育たなかった理由だ。

この青銅器文化、鉄器文化をもたらしたのが朝鮮半島からの渡来人であったことはいうまでもない。4世紀、高い文化と強力な武器をもった渡来人の王をいただく統一連合政権ができても、少しも不思議ではなかっただろう。

(3) 文化の移入形式

1　しかし、これを当時日本に土着していた諸部族の立場に立って見るとどうなるか。

第1に、4世紀、突然、しかもはじめて、朝鮮半島をへて大量の外国人が征服者としてやってきたというわけではない。きわめて長い歴史時間を経て、半島経由で、人も文化もやってきたのだ。逆に、4世紀までにすでに土着化していた渡来の新ヤマト人を主体とする部族が数多くいたと見ていい。まったくの異文化と異人がいっせいにやってきたわけではないということだ。

第2に、私は、日本史の通説から、古代の権力者たちは積極的に新しく高い文化を輸入した、と教わってた。文化ばかりでなく、トップを「輸入」したって少しも不思議ではない。一種のヘッドハンティングで、通説でも、蘇我氏は渡来人だろう。

2　崇神は南加羅の王で、加羅連合国の盟主。応神と継体は、百済の王の弟たちである。

江戸時代の大名の跡継ぎにも、家老（政権担当者）たちがこれはと思う若者（他藩＝「外国」のトップの子弟）に目を付け、養子に迎えるなどという例は数多くあった。上杉鷹山などもそうだ。

西欧では、外国の王（親戚）を後継者に迎える例もある。つまり、平たく言えば、取締役会で社長をその技術や経営力を見込んで、まったく外部から迎えるようなものだろう。

第3は、日本の諸部族が新しい首長を要求したという理由。

1　卑弥呼の死後、邪馬壹国は内乱状態になり、また女王を立てて安定を取り戻し、266年、その女王（壱余）が晋に朝貢した、というところまでチャイナの正史に書かれている。しかし、その後150年間、チャイナへの朝貢の記録は絶えた。どうしてか？

倭国内が大争乱に陥り、朝貢する余裕がなかった、また、朝貢するにたるだけのリーダー国が衰退した、等々の理由が考えられる。邪馬壹国の衰退、滅亡だ。

2　あるいは、逆に、チャイナ王朝の力が衰退し、朝鮮半島に強力な政権、高句麗、百済、新羅が建国され、当面、チャイナからの圧迫の心配がなくなり、朝貢の必要が感じられなくなった、と考えることもできる。この場合、倭国は、チャイナではなく従来から親好のあった朝鮮半島の加羅や百済により大きな好（よしみ）を通じた、と考えていいだろう。

3　崇神王朝の場合、邪馬壹国が争乱絶えなく衰退してゆく中で誕生する。応神の場合も、日本の諸族が大争乱に巻き込まれ、後継者を見いだせなくなった状態で入り婿になった。これは征服、被征服の関係ではなく、どう見たって、よりすぐれたリーダーを必要としたときに、他国にそれに見合った適切な人材がいた、それを迎えた、という関係だ。

さらに、崇神を中心として生まれた連合国家が、朝鮮半島の覇権を高句麗、新羅、百済と競うような形で、宋に使いをつぎつぎと送る。倭の五王で、応神の場合は、記紀にもはっきりと、諸族争乱のため、王位継承者がいなくなり、新しい国からリーダーを呼んできた、と記されている。

第4は、倭（ヤマト）国の文化輸入の独特の形式だ。

今日現在でも、日本はコピーの国である、といわれる。しかし、丸ごとの物真似ではなく、逆に、オリジナルの内容を換骨奪胎し、都合のいい部分だけをとって、日本独特のものに変じる、という行き方をしてきた。この伝統は、相当に根深いものだと考えていいのではないか。

このように、たしかに高い文化や人間（人材）たちが入ってきたが、古い文化や統治形式を破壊する仕方ではなく、土着の諸部族から見れば、「新しい血」を注入した、ということだ。「征服」されたというのではなく、むしろ新しい文化が新しい形で花開く土壌を提供した、と考えることができるのではないか？　一種の技術革新（イノベーション）である。

皇室の祖先が朝鮮半島の王族出身だった、というのはいたく民族感情を傷つける、というのが今日の私たち民族国家の共通意識だろう。しかし、倭国に土着する諸部族が新しい文化と人材を要求し、新リーダーを積極的に迎え入れた、と考えるなら、日本の文化摂取の「美質」をあらわす典型的な歴史事象だといえる。（それがむしろ日本固有の「民族」精神ではないのか、というのが私の偽らざる気持ちだ。）

3　蘇我氏が、日本歴史上最悪の「悪人」である、とされるが、なぜか？

（1）「古代史」の「前段」から大動乱の200年

1　「大化改新」と言われてるものが何なのか？　という疑問がずーっと私を悩ませてきた。そして多くの人をも悩ませてきた、と思える。

「大化改新」前後、謎！、謎‼、謎!!!、の連続なのだ。以下、箇条書きにしてみよう。

①大化改新直前に、聖徳太子の子、山背大兄の一族がことごとく殺される。「大兄」（おおえ）とは、第一天王位後継者のことで、後の天皇の皇太子に当たる。

犯人は蘇我入鹿（とされる）。入鹿は天王位継承者を殺害した重大犯罪者。この山背大兄の存在とその死が謎だ。

②それよりも、山背の父、聖徳太子とは何ものか？　「聖徳太子」とは後で付けた「名」で、太子こそは、日本書紀のスーパーマンだ。

生まれてすぐに言葉を発した（釈迦は、誕生とともに立ち上がり、3歩、歩んで、「天上天下唯我独尊」と発した。）。

1度に10人がしゃべっても、聞き分けることができた。

行き倒れの死人が復活するのを予言した（釈迦やキリストと同じ）、などは、どう見てもおかしい。

それに、太子は国王の資格で（摂政として）遣隋使を送っているとされる。しかし『隋書』倭国伝には、「倭王、姓は阿毎（アメ）、字は多利思比弧（タリシヒコ）」とあり、明確に、倭王（＝天王）だ。ただし、「聖徳太子」という「名」は日本書紀には出てこない。

③一番びっくりするのは、蘇我氏だ。日本一の大罪人にされている。

日本書紀は大極殿で入鹿を刺殺する場面を詳細かつセンセーショナルに報じている。まるで、ワイドショーまがいにだ。

④ところが、天王位を簒奪しておきながら、中大兄は20数年も天王の座に着いていない。しかも、天皇在位わずか3年でなくなった。どうして天王位に就かなかったのか？

疑問はいくらでも浮かんでくる。しかも「大化改新」期が「壬申の乱」によって終息し、天皇をトップとする盤石の支配体制が生まれる。

まず、聖徳太子一族が死滅し、蘇我氏が滅ぼされ、天智一族が滅退し、天武・持統とそれを支える藤原（不比等）家によって、本格「日本＝大和」朝廷が誕生する。応神王朝が生まれた6世紀から7世紀まで、２００年の間のことだ。「倭国」から「日本」への、倭国、邪馬壹国、ヤマト王朝から脱した、「大和朝廷」＝古代王朝の出現だ。

（2）蘇我氏は天王家だ

古代史の謎に満ちたストーリーを解明する鍵は、いうまでもなく、「蘇我氏」の正体を明らかにすることにある。日本書紀は、蘇我氏の「功績」とともに、数々の「罪状」を書き連ねる。ただし、書紀編纂時、蘇我氏（一族）はまだ健在だ。

功績は、仏教導入＝欽明、対随外交・憲法十七条の制定＝聖徳太子というように、必ず蘇我氏が天王家の臣下として、当然の「補助的」働きをしたにすぎない、というように記述される。罪のほうは、1崇峻の殺害、2馬子も入鹿も、生前、天王墓まがいのものを造営した、3山背大兄一族の殺害、4クーデタの原因とされた天王家転覆の陰謀だ。

この功罪は、蘇我氏が天王家であった、それも、応神系の最も正統かつ強大な天王家であった、ということですっきり説明できる。

1　蘇我稲目＝欽明、聖徳太子＝用明＝蘇我馬子の虚像の分身だ。もちろん、山背大兄を殺したなどというのは「虚報」で、山背は存在だにしない。むしろ、「乙巳の変」で入鹿が惨殺され、蘇我氏の本拠地が襲われ、蝦夷一族が皆殺しにあった「事実」を反映していると思える。

それにおかしいのは、587年、馬子が聖徳太子とともに物部守屋を討ったとされる事件だ。これは正史が、天王二家の天王位継承をめぐる熾烈な争いを、有力な豪族どうしの争いに転嫁しようとしたものだ。

2　物部守屋は、継体系の天王位継承者である彦人大兄と見て間違いない（？）。記紀の系譜で、馬子（＋聖徳太子）に対抗できるのは、守屋（＋彦人大兄）しかいない。この戦いで、継体系天王家は、天王位継承権を失い、応神系に権力が集中した。応神系の権力の肥大化が、馬子・蝦夷・入鹿の独裁ぶりを招いた。日本書紀の批判の中心だ。

蘇我氏（大臣）と物部氏（大連）という二大勢力を、応神系と継体系の二つの天王家（ヤマト王朝）と読み直すと、「大化改新」までの歴史がすっきりした像を結ぶ、というのが石渡説の骨子だ。「眼から鱗が落ちる」とはこのことだろう。

2　日本書紀は、大化のクーデタを合理化し、しかも、中大兄（天智）の正統の後継者として天武・持統を明記した。その上で、クーデタ以前、大和政権の勢力を二分した二つの「天王」家を二つの豪族に変じ、ともに断罪し、中臣（藤原）氏の功績を一人際立たせる、という目論見が如実に出てる。

しかし、記紀が書かれた時代、これらは「現代史」であって、記紀を編纂した人間たちが歴史事実の総体を丸ごと完全に抹殺することにははばかりがあった。記紀の叙述の中から、メインストーリーを洗い出し、歴史の真相の断片を拾い出すのも、楽しい歴史勉強（研究）なのだ。

（3）蘇我氏には没落する理由があった

天王家の分裂や抗争、「天皇」刺殺は歴史上稀ではない。しかし、腰に寸鉄を帯びないトップで最重要の人間を、密室同然な場所で、取り囲んで押し殺した、というのが大化のクーデタの暗殺劇なのだ。

しかも、殺されたのは外国の使節を迎えた政務中の天王なのだ。これ以上無体かつ破廉恥なことはない。

さらに、仕掛けたのは、天王家のメンバーだが、ワン・ノブ・ゼムではなく、もう一方の旗頭の一人。その彼が自ら剣を帯びて天王を切り裂いた、ということだ。どんな理由があったにせよ、こんな陰惨なクーデタは稀だろう。そして、天王を暗殺した張本人が、後に天王位に就く。まるで劇作「マクベス」さながらではないだろうか。「大化改新」とは、陽の目を見ることのない天王候補者による天王殺害の惨劇からはじまったのだ。

＊一寸、この暗殺劇のあった場面を再現してみましょう。謀殺の筋書きを書いたのは、中臣鎌足。場所は大極殿。

正面に天王がいる。天王は身に寸鉄も帯びていない。

傍らに列するのは古人大兄（継体系の宗家）。

執り行なわれるのは、高句麗、百済、新羅の使者に、「調」（貢ぎ物）のお礼に上表文を読み上げる儀式で、読み上げているのは、麻呂。天王の傍流で、今回の謀殺計画に加わっている。

中大兄（継体系ナンバーツー）は衛兵を配して大極殿に通じるすべての門を閉じさせ、自ら大極殿のわきに身を潜めた。

鎌足も弓をもって侍る。

中大兄は、佐伯子麻呂と葛城網田に、「いっきに斬れ」と命じるが、二人は臆し進めない。また麻呂も討ち手が現れないので謀略が露見したのではないかと、うろたえはじめる。

中大兄、エイ、これ以上ぐずぐずできない、と自ら剣を抜いて、天王の頭や肩に斬りかかった。それに勇気づけられ、子麻呂と網田が天王を追って斬り殺す。

切り裂かれた天王の死体は、雨の降りしきる庭にむしろを掛けられて放置された。

直ちに箝口令が敷かれたのはいうまでもない。

古人大兄は、屋敷に引きこもって、「大王を韓人が殺した」ともらした。

日本書紀をもとに脚本再現すると、こんなところだろう。明らかに、暗殺事件だ。天王と古人大兄と三韓の使者以外には真相が洩れないように用意周到にめぐらされた密約謀殺クーデタ。(古人も中も、クーデタ時点では大兄ではなかった、ということは了解したい。)

2　それでも、大化のクーデタがどんなに無法なものだったとしても、それが「成功」したのには、相応の理由があったと見なければならない。

一つは、すでに述べたように、馬子天王らが王位継承権を独占し、いま一つある天王家を圧迫あるいは壊滅させようとしたことだ。したがって、このクーデタはよくあるように、「目には目を、歯には歯を」という、直接には、彦人大兄殺害に対する復讐劇だ。やられたからやり返して当然、というのが中大兄の側の論理で、「惨劇」に終わる理由はあった。

もう一つは、外交政策、対チャイナ、対朝鮮路線の対立だ。

6世紀から7世紀の外交政策は、589年、随が統一政権をうち立てることで、根本的に変化してきた。

562年、すでに加羅は新羅に併呑され、ヤマト政権は朝鮮半島に「拠点」を失った。随は、何度も高句麗を踏み潰そうとするが、そのたびに撃退され、対高句麗戦が重要な一因ともなって、衰退し、618年滅亡する。同時に、高句麗も大いに国力を減じてしまった。

唐がとった対朝鮮政策は、隋の轍を踏まぬというもので、分断作戦だ。新羅と組んで高句麗と百済を挟み撃ちにする戦略に転じる。

ヤマト応神王朝は、もともとが百済出身の王を戴いて成立した。百済の国難にどのような手をさしのべるのか、が問題となった。

一つの道は、隋に対すると同様、高句麗と百済を応援し、唐の勢力を朝鮮半島から駆逐し、あわせて加羅を奪い取った新羅を討つという方途だ。これは、過去の経緯から心情的には了解できるとしても、逆に、唐と新羅に逆襲され、「倭国」を討ての大義名分を与え、国家存亡の危機を招き寄せる冒険主義的な政策に通じる。

いま一つの道は、高句麗と百済の劣勢という現状を踏まえて、露骨な反唐政策を控えるというもの。それをもう少し進めて、唐と新羅に好を通じ、唐や新羅の力が海峡を渡って倭国に至り、国家滅亡の因を作らないという「微温的」だがより「現実的」な政策だ。

といっても、もし百済と高句麗がつぶれたら、唐は、倭と組んで、新羅を挟み撃ちにする策に出る。反対に、新羅のほうが、倭と組んで、唐に対抗する策をとる。いずれも、国難を招かずにはおかない外交選択が待っていた。反唐、親唐の道のどちらがよりリーズナブルであったかは、そんなに簡単に決められない。しかし、当面の危機を回避できるのは、第二の道のほうだったと思える。

もっとも、馬子（＝聖徳太子）の時代、倭国は親百済政策をとって、新羅討伐の軍を送ろうとしていたとはいえ、唐にも朝貢していた。ある程度、二面作戦をとっていたのだ。しかし、蝦夷、入鹿の時代になると、唐に朝貢することをやめ、親百済・高句麗にドライブしていったことが分かる。

645年4月、唐は高句麗攻撃を開始する。百済は高句麗を討てという唐の太宗の命令を無視して、新羅を攻める。入鹿は親百済政策を続けようとするので、反対派にもう猶予はできない。クーデタ決行の時はこれをおいてはない、と決断される理由は存在したのだ。天王入鹿殺害は6月のことだった。

第3章 古代史の中の天皇制国家——ニューバージョンの天皇

(1) 近江政権から飛鳥政権へ

対唐、対朝鮮政策の失敗、そして権力基盤の小さな新興地、近江というハンデを負った大友天王側に対して、大海人側に、25年間、待ちに待った好機がやっと到来した。準備万端、日本書紀の記述とは反対に、吉野＝飛鳥側から打って出た。何よりも天王大友に時間を与え、力を蓄えるチャンスを大きくするのは最も愚なる戦術だ。大友を「三日天下」で葬り去らなければならない。

1カ月の激戦の末、大海人の軍は勝利し、大友は逃れた先で自死して果てた。

壬申の乱による、近江の天智・弘文から、飛鳥の天武への政権移行は何を意味したのか？　本章がいちばん重要と思う主題だ。結論、

1　繰り返し述べてきたように、天王位継承のルールの正常化だ。

天武が採用したのは、天皇位継承の一元的ルールの確立である。宗家の長子継承を原則とし、天皇位継承をめぐる不毛な争いに終止符を打つことだ。かくして、「万世一系」が可能になる。つまり、「万世一系」がここではじまった。

2　当然、隠然たる力をもつ蘇我氏を中心とした勢力との「和解」だ。

これによってヤマト政権の基盤は揺るぎないものになる。この和解は、蘇我氏を暗殺・焼き討ちにした天智や大友にはできなかっただろう。

それに、壬申の乱で大海人側が勝利できたのも、飛鳥を中心とする蘇我一族の強力な後押しがあったからだった。

天武は、蘇我氏旧宮（飛鳥板葺宮（いたぶき））の近く（ないしは旧宮の跡）に、新たに飛鳥浄御原宮を建てた。これなども、天武が蘇我勢力への親縁感をアッピールしていたことを示している。

3　対大陸、対朝鮮半島にたいする外交政策の確立だ。

中大兄＝天智は、天王蘇我家の反唐・親百済政策を批判し、クーデタの大義名分とした。しかし、中大兄＝天智自身の対外政策は、動揺に動揺を重ね、反中大兄グループを力づけ、政権の命取りとなったが、最後は、親唐、反新羅路線に戻った。

天武の外交原則は現実路線、つまり、パワーポリティックスだった。

朝鮮半島を新羅が統一し、唐と新羅が対立抗争関係にはいると、唐に対する強大な「壁」が朝鮮半島にできたわけで、唐への恐怖が弱まり、新羅との友好関係を強めた。この路線は、次代にも受け継がれてゆく。だから、新羅と日本の力関係が変化したら、唐に接近し、新羅の首根っこを押さえようとする傾向が強まる。

（2）天武が「デザイン」し、持統が大和朝廷の「基礎」を築く

天武は新しい王朝をデザインしたが、686年亡くなる。

1　大化のクーデタ前後ならば、後継者争いで大変なことになっていただろう。

事実、そんな動きもあった。天武には10人の王子がいた。天皇位継承者は天武と妃讃良（大后＝天智天皇の娘）との嫡子、草壁皇子。ところが、天武が没した直後、大津王子（天武と太田妃の子）が謀反をはかった廉で、断罪される。歳がほとんど同じだった草壁、大津の異母兄弟は、中（天智）と大海人（天武）と同種の対立をはらんだ存在であったというべきだ。

しかし、宗家の嫡子で、つねに天武と行動をともにしてきた母（しかも天智の娘）をもつ草壁が後継者となるべき存在で、またそうすることが天武の意志でもあったし、壬申の乱の大義名分でもあった。ことの真相は判然としないが、草壁即位に反対する勢力はこの事件で消えたのに、草壁は即位しないまま689年、病没する。

2　天皇位継承者を失った讃良は、次ぎに、草壁の嫡子軽王子を立てるべきだったが、まだ7歳、政権の基盤も盤石でない状態で、皇位継承は無理と踏み、自ら持統天皇として即位する。690年のことだ。

妃（大后）が天皇位につくのははじめてのことだ。持統は強行突破をはかる。

まず藤原宮に都を移した。

それまでは都といっても、いわば宮殿と省庁だけの所在地で、貴族も庶民もほとんどいないといっていい「小規模」なものだった。本格的な国家作りには人心を集約する本格的な都と、人びとを秩序の下で動かす諸制度が必要だ。諸制度は、日本最初の公法典といわれる飛鳥浄御原令の発布で、実行原則が示される。

3　持統は、リリーフだったが、狡猾な中継ぎで、天武が描いたプランを着実に実現し、皇位を天武の正統者の手に渡すという役割に徹した。身は持統なれど、心は天武だという役割を演じきった。

それに、面白いもので、本格派の実力者が、本格的なことを実行できるかというと、そうとは限らない、ということだ。むしろ、二番手と目されている人が、本格実力者が描いたプランに基づいて、実力者がなそうとして実現できなかったことをなしうる、という場合が多い。彼・彼女が、リリーフで、権力を専横する心配がないということも、その実現を容易にしていた、と考えていいだろう。

私は、天武が自ら策定した数々のプランを、自ら実現しようとしたら、持統ほどにうまくいったかどうか、危ぶむ。

4　もっとも、持統がリリーフ（皇位を天武の血脈に渡す）役に徹するだけでなく、自己神格化を図り、独自な試みを実行しなかった、などといいたいのではない。

私のつたない日本古代史の一幕は、大和朝廷の「完成」で、ひとまず閉じることにする。「万世一系」の「国体」がここからはじまる。そして日本書紀の叙述もここで終わった。だが、最後の最後に残る「謎」を明らかにしなければならない。

（3）日本書紀を編纂したのは誰か？

「歴史」とは、もともと（本筋）は、「書かれたもの」を意味する。

1　日本古代史の最大の「困難」は、「書かれたもの」がほとんど残されていないことだ。正確にいえば、日本書紀が「参看」したとされる「史料」が、ことごとく「廃棄」されたからだ。

2　しかも大和王朝が採用したチャイナの律令は中世世界＝封建社会の刑法と政令で、日本古代世界にはぴったりしなかった。

3　だが、西と東の「歴史」書の「モデル」とされる、古代ギリシア（西）がペルシャ（東）を打ち破り独自の文明圏を打ち建てるまでの歴史を記した、ヘロドトス『ヒストリアイ（歴史）』（前5）と、周からはじまり秦の始皇帝が創業して漢の武帝までを辿った、司馬遷『史記』（前1）と対比できる、『日本紀』の編纂者を推察するのは難しくない。

4　藤原不比等に違いない。日本の「国体」＝「統治形態」を決定づけた『日本書紀』は、日本独自の「万世一系」を高々と掲げた。しかしその瞬間、日本独特の「統治形態」＝「万世一系」という「独自形態」へ向かう。その変革過程をたどるのが、次の課題となる。

第4章
歴史の「学」——日本「正史」

わたしが「現在」のところ、最も得心でき、奨めることできる「日本史」の作者は、岡田英弘（1931〜2017）だ。ただし、存分に「異例」で、かつ「正道」をゆく語り手である。ま、とにかく凄い！　時代小説でいえば、司馬遼太郎だといっていい。

1　岡田英弘——世界と日本の歴史を総体把握する「原理」を提示

何か、とてつもない難しいことを言おうとしているように見えるが、まったくそんなことはない。

岡田は、みずからも語るように、歴史「作家」界、とりわけ「学会」（アカデミズム）では「異端・異例」の存在だ。

しかしその言説は、異端でも、偏頗でもない。すっと読む者の胸のうちに入り込んでくる。専門仲間にだけ通じる言葉（術語）を振り回さず、論述（文章）に「筋（ロジック）」が通っており、「通俗（ポピュラー）」で読みやすく、小説家も顔負けの知的興奮を呼びさます内容と書きっぷりなのだ。「作家」としても一流だ。

だが、岡田（自身）が、日本ならびに世界に通用する歴史の「再発見」を提出することができた（と思える）のは、「偶然」による。

旧制高校時代、岡田は日本古代史に熱中し、『日本書紀』と『古事記』の比較論を楽しみ、東大では朝鮮史を専攻、大学院では満洲語の年代記である『満文老档（まんぶんろうとう）』の輪読会に加わり、1957年、その共同研究で日本学士院賞をえて、「学会」にわずかなりともつながり、モンゴル学の「権威」にみずから弟子入りし、フルブライト留学生として渡米、モンゴル研究に専心する道を切り拓くことができた。岡田の「新発見」を可能にした個人の必然（スタート）は、この満洲語から入ったモンゴル史研究にはじまる。

えっ、モンゴルだって。「蒙古」である。古くから（＝固まった）非文明（＝蒙）の国（野蛮国（タタール））じゃないの、などというなかれ。「モンゴル」こそ、言葉の本当の意味で、「世界帝国」と呼ぶにふさわしい「発祥」（最初）の国だったのだ。「世界」の歴史はモンゴル帝国からはじまる。これが岡田の第一の主張であり、世界的「発明」である。

（1）世界史の誕生

1 「世界史」は存在しなかった

なに、全一的な世界史などない。個別史、すなわち各地域（region）、各国（nation）、各地方・地区（district ; locality）にそれぞれの歴史があるだけだ。「世界史」とはその個別史の「合算」にすぎない。こう、主張することはできる。

だが、いま、わたしは、わたしの住む「地域（ローカル）」史をベースに生きているのでも、考えているのでもない。意識するしないにかかわらず、日本や世界の歴史を前提に考えている。50代をすぎて何度か海外に出たが、欧米に行こうがアジアに足を向けようが、西欧史や東洋史、あるいはその国々、諸都市の歴史をまったく無視して、人と会うこと、仕事をこなすなどは、難しい。その場所、そのときどきで、ある（漠然としたとはいえ）一定の歴史「像」（イメージ・観）をもとに判断し、行動せざるをえない。問題はその前提となっている歴史像であり、認識の程度である。いま、日本人でさえ何の気なしに使うようになった、「世界観」だ。

わたしたちがふだん何気なく前提としている歴史像は、ずいぶん大雑把だ。高校の教科や大学の講義は、大枠、日本史と世界史に、世界史はまた西洋史と東洋史に分かれる。ところがその世界史として一括される西洋史と東洋史は、岡田が指摘するように、原理的に別物で、同じ一つの世界史のなかに包括することはできない。どのようにちがうのか？

2 『ヒストリアイ』と『史記』——東西の歴史の原型

1 西洋史の原型はギリシアのヘロドトス『ヒストリアイ』（前5C）で、物語体である。物語は西のギリシア人と東のペルシアのバルバロイとの抗争（伝説）からはじまる。小アジアのギリシア人を支配下においた東のペルシアが発展、強大化し、一大帝国となって西方の地中海の小国群（都市連合）のギリシアに攻め入ってくる。ギリシアは風前の灯火であった。しかしサラーミスの海戦（前480）で、ペルシアの大艦隊は壊滅し、アジアに引き上げた。

この物語＝「伝記」＝「歴史書」は、東（アジア）と西（ヨーロッパ）の対立と抗争を基軸に世界は変動し、最後に西が勝つという図式（シェーマ）なのだ。このシェーマが、その後の歴史（西洋史）を決定づけた。

2　東洋（チャイナ）史の原型は漢の司馬遷『史記』（前1C）で、およそ2000年にわたる編年体の通史だ。

チャイナは、皇帝が支配する「常住不変」（かつ広大無辺）の世界だ。中心は初代（黄帝）から秦の始皇帝をへて当代（漢の武帝）までの皇帝史で、目的は漢の武帝の「正統性」を証明することにある。

チャイナの皇帝および王朝の交代は「天命」によって決まる。天命はただ「一つ」で、それが「正統」の証明に他ならない。すなわち、交代は血統によるか、禅譲か、簒奪か、等々にかかわりなく、〈皇帝になったものが正統だ〉という図式で、それは今日（チャイナ共産党独裁時代）まで変わっていない。

3　西洋史の原型は、歴史は変化し、最後に西洋、そして西欧が勝つというもので、地中海世界に特有な文化を生みだした。東洋（チャイナ）史の原型は、歴史は変化しない、皇帝が支配する常住不変の国だ、というものでチャイナ世界に特有な文化を生みだした。

4　西の歴史原型が、明治維新期に日本に輸入され、東のチャイナ史と木に竹を接ぐように合体され、世界史（「万国史」）という名で一括された。当然、「珍妙」なものにならざるをえず、統合的な世界史など存在しえなかった理由だ。

しかも、日本史は、この世界史に含まれない。（ここで、エッ！　ナゼ！　と思ってほしい。いらぬお節介だが！。）

3　世界史は存在可能だ――モンゴル帝国

1　だが岡田は、世界史は「誕生」可能である、という。世界最初の、アジアとヨーロッパを席巻し、文字どおり東西を併合・統一した「世界」が「実在」したからだ。チンギス・ハーンが創建（1206）したモンゴル帝国である。

えっ、モンゴルなどは、「蒙古」であり「韃靼（タタール）」ではないか。「襲来」であり、「軛（くびき）」じゃないか。「蛮族」支配の代名詞だ。「非文明」世界だろう！　だが、これこそ、「襲来」と「軛」に呻吟した、日本史・東洋史・西欧史の評価であり、呼び名＝「蔑称」である。

岡田は断じる。モンゴル帝国が中央ユーラシアの草原から興り、東西南北へ押し出していった力が、新たなチャイナ世界と地中海世界を創り出した結果、現在われわれが見るような「世界」が「誕生」したのだ、と。

2　モンゴル帝国の最大版図は、チンギス・ハーンの孫の時代までに、東北はサハリン、東は日本の九州、東南はジャワ島、南はインダス川、西南はパレスチナ、西はポーランド・ハンガリー・アドリア海岸にまで、その軍事力（支配）がおよんだ。それだけではない。モンゴル帝国の軍事力は、ユーラシア大陸の東西交通路の「安全」を保証したので、前例を見ない商業活動の盛況をもたらした。その一つに世界最初の不換紙幣の発行と流通の成功があり、もともと商業資本主義が発達していたチャイナの経済力が地中海にまでおよび、13世紀、地中海の制海権を握っていたヴェネチアに、ヨーロッパ最初の銀行を生み、世界商業資本主義を成立させたのだった。

モンゴル帝国は比較的短期にその絶頂期を終えたが、中央ユーラシアの圏外に残した「遺産」は、現在まで続く世界の歴史に永続的な影響を与えている。

3　岡田の結論をいえば、現在のモンゴルはもとより、チャイナ（満洲、内モンゴル、ウィグル、チベットを含む中華人民共和国）もロシア（共同体）も、モンゴル帝国の「直系の後継者」である。

このモンゴル帝国に統合されなかったユーラシア大陸の両端に位置する、日本と西欧諸国（英仏蘭西葡）が、大航海時代の16世紀に合流し、20世紀末に先進産業資本主義日本・アメリカ・欧州連合となった。

さらにいえば、遅れて産業資本主義に入ったロシアやチャイナそれにインドというモンゴル帝国の後継国が、いまやふたたび、消費資本主義に移行した先進国欧米日の地位を脅かしている。

(2) チャイナ史の特徴

1　秦の始皇帝とは何ものか

チャイナ(岡田は、2013年、著作集全8巻発刊以前は「中国」と表記したが、以降は「チャイナ」に、また「朝鮮」を「韓」に変える)は、秦の始皇帝からはじまる。なぜか?

チャイナ文明の三大構成要素は、(1)都市、(2)漢字、(3)皇帝、である。この三要素の結合を決定づけ、チャイナを創出したのが始皇帝だからだ。したがって、「中国4000年の歴史」とは「チャイナ2000年の歴史」なのだ。

(1)チャイナは、そして古代ギリシア、ローマも「都市＝国家」である。国家とは「城壁に囲まれた都市」のことで、「西戎(じゅう)」に覇をとなえた秦が、紀元前221年、中原(黄河中・下流域の都市国家6群)を統一し、「皇帝」を名のり、皇帝直属の中央集権制＝「郡県制」を敷いた。始皇帝とは最初の皇帝のことで、死後の称号である。

(2)始皇帝は、中原の都市国家(市民)群に、「秦」＝「シン」(Chin)＝「チャイナ」(China)＝「シーナ」(支那)という「国家」アイデンティティ(identity)を与えたが、この同一性を維持・強化するために、共通のコミュニケーション手段である「漢字」の字体と使用法の統一をはかった(文字数制限3300字、1字1音原則、これを破ったら「焚書」刑)。

(3)皇帝は土地・臣民・軍・市場を所有する商業資本であり、その強大な資本力が政治・軍事・文化支配の基礎。

チャイナの歴史は、政治・経済・軍・文化を占有する皇帝の歴史である。その皇帝・王朝は、なんども興亡の歴史を繰り返してきた。そのなかで、中原（黄河中下流域）を出身地とするいわゆる「漢人」の王朝はわずかだ。秦、隋、唐、元、明、清というチャイナを代表する「統一」王朝はすべて、西戎、東夷、南蛮、北狄として「漢人」から差別された地域の出身である。

したがって「漢」民族などというのは、現代ギリシア人が「アテネ」人を名のるのと同じような、「時代錯誤」である。

2 『史記』――チャイナ史のモデル

チャイナ史は、司馬遷『史記』にはじまる。以後のチャイナ史は『史記』をモデルとしている。

1 司馬遷は漢の武帝に仕えた「太史令」で、太史令の職掌（職務）は「天官」すなわち占星術で、「歴史」の編纂はその一部だった。だから「史」（「中」（＝帳簿）と「又」（＝右手）の会意字で、「帳簿係が書きとどめたもの」という意）には、「書」（書かれたもの）という意味しかない。

しかも、チャイナの「歴史」という「語」は、もともと日本語「歴史」の借用である。だが、日本語の「歴史」は英語の「ヒストリー」の訳語なのだ。

2 『史記』（本紀）は王統記である。「天命」を受けて帝位についた初代「黄帝」からはじまり、以後、その子孫が「王統」を継ぎ、現実の最初の「帝」である秦の始皇帝に至った。そして（当代の）武帝が「天命」を受けて帝位についた、と記す。『史記』は、武帝が歴代のチャイナ王統を継ぐ、正統なる後継者であることを記す、「自己証明書」に他ならない。

3　以降の「正史」は、すべて『史記』を踏襲し、現（編纂時の）王朝が前王朝を正規の手続きを踏んで「正統」に引き継いだことを証明するために、書かれる。この「正史」の枠組みでは、「変化」は「正統」をおびやかすため、変化の記述は歴史の目的とはなりえず、地中海型の「変化の歴史」に慣れた目には、チャイナ史には「発展」がなく、「停滞」と見える理由だ。

こうして常住不変の「一つのチャイナ」が、チャイナ人のアイデンティティ、共通の無意識（民族観）の基礎になった。

3　漢と元と清

チャイナの王朝は、もとより一つではない。中原に「常住」した（とされる）漢は、西戎出身の秦始皇帝の政治・経済・文化を引き継いだだけではない。その期間は、漢・三国期をあわせても、わずか紀元前202～後280年、計500年「弱」にすぎない。しかも三国期、人口は漢王朝の最盛期の10分の1、500万余に激減し、しかも漢王朝が途絶えただけでなく、漢人は「衰滅」したも同じだった。

だがこう反論されるだろう。

チャイナ（漢）は、隋や唐はもとより、元、明、清という異民族の「侵入」を許し、かれらのトップを帝位に「迎え＝就け」たが、むしろ（皇帝をも含めて）彼らをチャイナ（漢）文化に「同化」・「文明化」した。よって「漢」（＝チャイナ＝中華）の同一性、正統性は綿々と保たれてきた、と。

だが、これは「デマゴギー」に等しい。

チャイナのアイデンティティを創出したのは、他でもない「西戎」出身の秦の始皇帝である。日本がモデルにした鮮卑（「北狄」）出身の隋・唐王朝はいうにおよばず、モンゴル帝国がチャイナに開いた元王朝も、そして女直（「女真」）出身（でモンゴル後継帝国）の清王朝も、すなわちこれらチャイナを代表する「大王朝」は、チャイナを文字どおり「帝国」へ、すなわち中原の地からアジア大、ユーラシア大へと版図拡大しただけでない。商業資本主義を飛躍させ、世界文明の先端を切り拓いたのだ。

むしろ、現代チャイナ（中華民国と中華人民共和国）は、元が打ち建て、清に引き継がれたチャイナ域外の諸地域、モンゴル、内モンゴル、満洲、ウィグル（新疆）、チベット、その他（雲南、寧夏）を、モンゴル（外モンゴル）を除いて、占領（実効支配）し、領土化しているといっていい。

（3）日本史の誕生

満洲史、モンゴル史研究からはじまった岡田の、「日本史研究」における最大の功績は、『史記』をモデルに生まれた『日本書紀』の意義を明らかにしたことだ。3点にかぎって要約しよう。

1 『日本書紀』は日本建国宣言書である

1 中大兄王（のちの天智天皇）は、663年、唐と新羅の連合軍に滅ぼされた同盟国（＝百済）の再建をはかって、朝鮮の白村江へ大船隊を送った。が、大敗北を喫し、朝鮮半島から「撤退」と「孤立」を余儀なくされた。

同時に、唐・新羅連合艦隊来襲の危機に備えるため、九州、日本海・瀬戸内沿岸の防備にあたる一方、「都」を内陸の近江（大津）に移し、668年、部族連合を統合して国号を「日本」とし、チャイナの「皇帝」に対抗して、「天皇」となった。チャイナの初代皇帝を秦の始皇帝とするなら、日本初代天皇こそ天智天皇だ。

2 壬申の大乱（672）で、天智天皇を継いだ弘文天皇を倒して即位した天武は、建国事業を事実上開始し、『日本書紀』（『日本紀』）編纂を命じた。まさに、日本版『史記』をだ。『日本書紀』は日本が、チャイナから「独立」することを宣言するとともに、「初代天皇」神武から天武・持統までの「皇統譜」を明らかにし、あわせて天智から天武への皇位継承を正統とした。ために弘文天皇は、皇位を継承せず、太政大臣大友皇子（皇位継承者）と記しとどめられる。

3　『日本書紀』は、あきらかに『史記』をモデルにし、チャイナ正史を参照している。だが日本が、チャイナとも朝鮮半島とも関係なく、まったく独自に日本列島を領土として成立し、それ以来「万世一系」の天皇によって統治されてきた、と記しとどめたのだ。

この「記述」は明らかにおかしい。だが、チャイナの正史等の史書に記された「倭国」の記述に依拠して復元できるとされる日本「古代史」もおかしい。チャイナ史に登場する「倭国」や「邪馬台国」などと、「日本」は連続しないからだ。

2　チャイナ史の一部としての倭国

1　「日本」建国が、チャイナや朝鮮半島と無関係に成立したわけではない。日本列島は、朝鮮半島を経由する「チャイナ商業圏域」内にあり、多くの人口を抱えた地域であった。ただし朝鮮文明が日本文明の「源流」だというのはまったくの「錯誤」だ。両文明は、チャイナ文明を基礎としつつ、660年代に「進発」したのである。

日本建国以前の歴史は、日本史でも、日本古代史でもない。日本列島、朝鮮半島、満洲、漢地域にまたがる、広い意味でのチャイナ史（の一部）である、といっていい。

たとえば、『日本書紀』に登場する、隋に「国書」を送ったとされる「帝」は「男」であるから、推古天皇（女帝）は実在せず、聖徳太子の「存在」も「偉業」も不可能であり、「乙巳の変」（645「大化の改新」）といわれる「革命」も、クーデタにすぎない、とみなければならない。

2　建国以前の日本列島の筋の通った歴史を書こうと思えば、どんなに困難でも、主材料は『史記』にはじまるチャイナの正史と『日本書紀』しかない。

たとえば、建国以前の日本列島の地域および住民は、チャイナ側から「倭国」「倭人」と呼ばれていた。そのチャイナの史料に、「倭国」が670年にはじめて登場する（『新唐書』）。「日本」という国号が最初に登場するのが702年（『旧唐書』）だから、670〜702年に登場する天皇、天智、天武、持統、文武のうち誰かが「建国」したということが、チャイナの史料から推測される。

3　最古の史書といわれる『古事記』は、『日本書紀』より遅れて書かれたもので、「偽書」と断じるほかない。したがって、『日本書紀』の「欠」を埋めるものではない。また考古学、言語学、民俗学も、言葉で表現する歴史学の代用品にはならない。「補助材料」にすぎないのだ。以上、銘記すべきだ。

3　世界の一部分としての日本史

1　たしかに建国以前も以降も、日本列島にとってチャイナが「世界」の「中心」だ。だがチャイナは「世界」と同じではない。『史記』の枠組みで見た世界と、『ヒストリアイ』の枠組みをもつ。

で見た世界は異なる。もちろん『史記』をモデルに書かれた『日本書紀』の世界もまた、独自性

2　では日本の歴史に欠けている最大点は何か。「世界史」という視点がないことだ。最初の世界帝国モンゴルが誕生する以前も、以降も、中原を世界の中心（中華）で、北狄・西戎・東夷・南蛮を辺境とみなすチャイナ史の枠組みにあるか、日本を世界の中心とみなすのかの2通りであった。

3　したがって「蒙古襲来」も、モンゴル帝国の運動としてではなく、「元寇」、外敵チャイナ元の侵略としてつかまれた。

このチャイナと日本の2通りの中華史は、19世紀に地中海型の歴史モデルを輸入することで、3通りの中華史になり、世界史はチャイナ史と西欧史の合わさったものと、まったく別の「日本＝中華」史が存在するようになった。（＊字義に照らせば、）「中華」＝「中国」とは、「自国（中心）」ということだ。

4　かくして『ヒストリアイ』と『史記』と『日本書紀』は、それぞれが独自な歴史のモデルとなったが、モンゴル帝国の成立と連動する世界史が書かれたなら、その一部である西洋史も東洋史も日本史も根本的に書き改められる必要がある。

岡田の「世界史」のゆくえを勘案して推測するならば、「世界史の誕生」とともに、その一部であるチャイナ史も、朝鮮史も、そしてもちろん日本史も、まったく新たに書き換えられなければ

ばならない、ということになる。じつにワクワクとさせる見通しではないか。

（4）歴史とは何か

1　歴史の定義

岡田は、細部にこだわる歴史家というより、大なたを振るう哲学者然として語る。とりわけ「歴史」の定義においてだ。他の歴史家と根本的に異なるところだ。その言説を要約すれば、

1　定義《歴史は「人間の住む世界を、時間と空間の両方の軸に沿って、それも一個人が直接体験できる範囲を超えた尺度で、把握し、解釈し、理解し、説明し、叙述する営みのことである。」》（『世界史の誕生』）

2　説明1《人間の住む世界は、無数の偶発事件から成り立っていて秩序はなく、そのままでは理解しがたい。この無秩序な世界に構造を与えて理解しやすくする解釈が、歴史である。言い換えれば、歴史は言葉であり、決して、外界に存在する実体ではなく、何かの事件が起こった時に成立するものでもない。歴史を作るのは、英雄でも人民でもなく、歴史家である。歴史家が文字を使って世界を記述したときに、歴史が創り出されるのである。その意味で、歴史は思想であり、文化の一種である。》

3　説明2《この歴史という文化は、世界のあらゆる文明に普遍的に存在する文化ではない。文明には、歴史のある文明と、もともと歴史を持てない、歴史のない文明の二種類がある。歴

史のある文明のなかでも、自生の歴史文化を持つ文明は、世界に二つしかない。一つは地中海文明であり、もう一つは中国（チャイナ）文明である。それ以外の歴史のある文明は、対立する他の文明から歴史という文化を二次的にコピーした、対抗文明 counter-civilization（岡田の造語）である。》

2 『日本書紀』は対抗文明モデル

歴史ある文明の歴史原型（モデル）となったのが、ヘロドトス『ヒストリアイ』であり、司馬遷『史記』である。

『ヒストリアイ』が採用した枠組みは、アジアとヨーロッパの対立・抗争であった。最後は強大なアジアにヨーロッパが勝利するという図式だ。これに対し、『史記』が採用したのは、皇帝が「天命」によって交代することを「正統」とする、「不変の歴史」である。

『日本書紀』は構造はチャイナ型だが、記述の目的は、チャイナ史とは相容れない、日本独自の「正統」を主張することにある。

日本が建国以来1200年、ついにチャイナと正式の国交をもたず、明治の開国まで「鎖国」を貫き通したのは、『日本書紀』が創った日本文明のアイデンティティが反チャイナの性格をもったからだ。『日本書紀』の枠組みをモデルとした「日本史」が、「東洋史」とも「西洋史」ともなじまないのは当然である。

3　世界史はまだない

岡田は世界史家を任じている。ところが世界史を書く統一した原型さえまだ存在しないのだ。

1　世界史は、枠組みがまるで違う2つの歴史モデル、地中海型とチャイナ型の「合算」によっては生まれない。歴史のある文明世界の「世界史モデル」を創出しなければならない。世界史のモデルは、世界帝国とよぶにふさわしい、ユーラシア大陸を席巻したモンゴル帝国の歴史を書くことによって、生まれる。

岡田の、満洲史、モンゴル史、チャイナ史、日本史等々と続く歴史研究（著述）は、すべて世界史を書く、あるいは世界史の誕生をうながす努力につながっている。つまり、これまでの歴史は、自国・自民族・自地域中心あるいは中心主義の歴史でしかなかった、というのだ。

2　岡田は、世界史研究の総決算を目して、2013年6月から、「岡田英弘著作集」（全8巻）の刊行をはじめ、2016年に終えた。80歳を超し、病気に悩まされているなかでの、壮挙である。しかも刊行速度が、3月に1巻という予定だった。速い。

編別構成は、1「歴史とは何か」、2「世界史とは何か」、3「日本とは何か」、4「チャイナ〈シナ〉とは何か」、5「現代中国の見方」、6「中華の拡大」、7「歴史家のまなざし」、8「世界的ユーラシア研究の五〇年」である。

どれもすでに読んだことがあるように思われるが、テーマごとに既著述を選別・編別編集し、単行本に収録されなかったエッセイや日記等を収録する、各巻、独立した1冊とみなすことができる見事なできばえだ。

3　岡田は、その作品を一読すると、この人は日本人なのか、と思わせるほどに、クールだ。このクールさは、「世界史の誕生」をめざした結果なのか、めざす原因だったのか。おそらくその双方だろう。

だが北京空港に降り立つと、「別人格」になる、といわれた司馬遼太郎とは異なるキャラクターだ。著作集発刊案内に、こうあるのだ。

《日本人は誇るべき歴史を持つ世界に冠たる民族である。日本人だからできない、と考えるのではなく、日本人だからこそできることがあると考えるべきなのだ。自分の力を信じ、みずから決するものだけが、道を切り開いてゆける。国も同じであることを、語っている。》（月刊「機」2013／6）

この人、じつにホットだ。自分を語るとき、さらにホットになる。

(5) 日本のミラクル

私ごときが、岡田「論」に、「訂正」を加えたい。哲学屋なので、座視できないからでもある。

1　秦始皇帝と漢武帝

チャイナ（支那＝チャイナ）を「建国」（前221〜前206）したのは、秦（シン）（チャイナ最西域州都は西安）始皇帝（前259〜前210）とされる。およそ2200年余前のことだ。この始皇帝の「建国」は、もちろん、「大業」に違いない。だが中華（黄河「中流」域）6国を侵略・統合し、さらに版図拡大を計ろうとしたにすぎない。しかも、その偉業は漢武帝（前159〜87　第8代）によって葬り去られた。

では、世界四大（ナイル、チグリス・ユーフラテス、インダス川流域）文明の発祥地の一つに数えられるチャイナの「歴史」が、4000年とも5000年ともいわれるのはなぜか？　チャイナ人の性癖、「白髪三千丈」の誇大表現だ、などですましていいわけはない。

チャイナのはじめての「正史」である『史記』が、2400年余にわたる歴代皇帝史、上古の「周の黄帝」（在位、前2510〜2448）から「前漢武帝」（在位、前141〜87）までの「正史」（帝紀と「稗史」）を編纂したからだ。つまり、最初のチャイナ「正史」は、始皇帝の「建国」事業を「否定」するが、武帝が「天命」として受け継ぐという形式を取る。

2　チャイナ最初の「正史」＝『史記』

『史記』は、漢の（第8代）武帝がチャイナの「南北」（東西）統一を果たした「偉業」を讃える書だ。

『史記』は、周の黄帝から秦始皇帝までの「王朝」史を、漢の武帝（＝真の統一王朝）にいたる「前史」（4000年余）である、と明記する。

このように書くのを命じたのは「漢武帝」で、「作者」は太史令（天文・歴史寮長官）の司馬遷（前145／135?～87／86?）である。なんだ、皇帝の命令通り書いたのか、と思ってはならない。「歴史」とは、「書かれたもの」（＝「記録されたもの」）を本義とする。作者の背後には、オーナー（雇い主）がいる。彼の「意」がある。『史記』には、勝者＝武帝の意志がある。それを「無視」する、「忖度しない」ことなどできない。

とはいえ、『史記』は、古代ギリシアのヘロドトス（前484?～425?）『歴史』とともに、「歴史」書のモデルとされてきた。理由がある。ヘロドトスの『歴史』が、「東方」（ペルシャ）の没落と「西方」（ギリシア）の勝利という結構（記述内容）をもつのと同じように、『史記』はその編纂を命じた「皇帝」（漢武帝）が、チャイナ「最初」＝「真」の統一皇帝である、と銘記する。

3　日本の初代天皇は誰か？

岡田が解明したように、日本を「建国」したのは、天智天皇（626～672）である。中大兄王（なかのおおえのおう）が、668年、初代天皇＝天智天皇として即位する。秦始皇帝に遅れること9世紀、漢武帝からは8世紀余である。えっ、と思われるだろう。

日本最初の「正史」である『日本書紀』（チャイナの「正史」＝「帝紀」がモデル）は、「天皇紀」である。だが、日本書紀で、天智は、「最後」＝「最新」（第38代）の「天皇」として登場する。それが初代天皇だというのは、どういうことか？

日本書紀が記す、初代神武から第37代斉明までの「天皇」は、「架空」の天皇だ、ということを日本書紀自体が、内々（かつ銘々）裡に語る。まずこのことを銘記してほしい。

なんだ、日本書紀は、そのほとんど大部分が、架空の天皇紀を記した「神話」であり、荒唐無稽なもの（つくりばなし）にすぎない、といいたいのか？　否、まったく違う。

チャイナの王朝史は、『史記』（司馬遷）によると、周の黄帝期からはじまり、漢の武帝期（最現代）で「完結」する。

じゃあ、日本の「皇紀2600年」（1940）は誇大妄想か？　まず、然り、といわなければならない。だが、と、すぐつけ加えなければならない。

天智～昭和天皇まで、1300年余である。

しかも、チャイナの歴代王朝（帝室）史が「断絶」＝「非連続」の歴史なのとは異なり、日本の皇室は、天智建国以来、令和の今日まで連綿と続く、世界に類例なき「一系」（an unbroken line of emperors）なのだ。そして2040年には、皇紀（＝皇統）1400年になる。長ければいい、というわけではないが、世界に類例のない、類を絶した長さだ。

4　なぜ建国宣言は「大津」か？

天智は近江大津宮で建国宣言をした。668年のことだ。なぜ、やまと飛鳥（あすか）宮や難波（なにわ）宮ではなく、なじみの薄い「僻」(?)地の近江大津宮であったのか?

近江の海夕波千鳥汝が鳴けば心もしのに古思ほゆ

『万葉集』を代表する歌人、柿本人麻呂(660~724)が、天智天皇とその古都を偲んで詠んだ歌だ。

種々あるが、3つに絞る。

1、663年、朝鮮半島の同盟国、「百済」の再興を目して派遣した大水軍が、唐・新羅連合軍に完敗し、朝鮮半島に橋頭堡を失った。唐・新羅の襲来を恐れた天智が、筑紫・石見・出雲をはじめとする日本海沿岸の防備を固める一方、琵琶湖沿岸という内陸の要害の地に立て籠ろうとしたからだ。

2、クーデタ(645年「大化の改新」=「乙巳(いっし)の変」)で、中大兄王(なかのおおえのおう)(後の天智天皇)によって誅殺されたり、有力者の地位を追われた蘇我氏をはじめとする飛鳥旧勢力と、彼らが担ぐ大海人王との直接対決=激突を可能なかぎり避けるためである。

3、琵琶湖沿岸は、まさに「壺中の天」=「要害の地」であった。はるか1000年のち、その外壁(山嶺)外で、東西対決、天下分け目の関ヶ原合戦が行なわれたところでも知られるように、東は不破・鈴鹿関、北は愛発関、南は逢坂関を「関門」としていた。

5 「壬申の乱」

1 「日本」（大和政権）は、事実上、南北に「分裂」していた。対立点は、大きく2つ。

1。645年のクーデタ以降の「決着」がついていなかった。最晩年、病魔による「死」を自覚（?）した中大王は、南北融和を図ったが、時すでに遅く、しかも蘇我入鹿誅殺を図ったクーデタ以降、片腕とも頼んできた藤原鎌足（614～669）を失い、大海人王と妥協点を図ることに失敗。

中大兄は、難波、飛鳥（川辺）と「宮都」を移しながら、旧（飛鳥）勢力を牽制し、667年、近江（琵琶湖畔の大津宮）に移った。そこでついに国内外に、「天皇」即位を宣言し、唐の律令をモデルとする政令等を発し（ようとし）た。だが、天智は病没する。「建国」事業は緒に就いたばかりであった。

2。天智（北朝）と大海人（のちの天武＝南朝）には、対外政策で対立があった。中大兄はクーデタで蘇我氏を倒したが、その打倒理由の柱に、蘇我氏が行なった朝鮮半島をめぐる唐・新羅に対する強硬外交路線への批判があった。ところが「協調」外交は成功せず、唐の膨張政策の一つ、朝鮮半島への進出を許し、同盟国百済はついに唐・新羅に滅ぼされ、日本は長年培ってきた「大陸」への架け橋である朝鮮半島に足場を失う結果となった。外交政策の明らかなる失政だ。

2　中大兄はこの失地を取り戻すために、強硬外交路線に戻り、百済「復興」を目して、663年、白村江（現・漢江河口）に5万（とも10万）ともいわれる大軍を派遣。だが、唐・新羅連合軍にあっけなく大敗北を喫する。

ところが、である、唐の膨張路線は、各地で反抗と反乱にであい、急転直下、大転換せざるをえなくなった。朝鮮半島からも早々と手を引いたので、間隙を縫って、はじめて新羅が「朝鮮」統一を果たす。

こうして、日本への唐襲来という「外患」があっというまに消え、外交路線を「再」転換する可能性が生まれた。事実、665〜669年のあいだに、3度、遣唐使派遣がある。

これを見るかぎり「建国」宣言をし、「天皇」位に就き、チャイナの律令制度をモデルとする、中大兄王の「建国」構想は、展望ある試みであった、と推察していいだろう。

しかし、病魔に襲われた。「勝機」到来とみた飛鳥＝ヤマトの反天智勢力は、協力を拒否。周辺諸国は、模様眺めで、政府派兵の出足がはかばしくない。さらに後を継ぐべき天智の後継者大友皇子はまだ若く、経験不足だ。四面楚歌ではないが、孤立感はいなめない。

天智の「建国」宣言はまさにこのような「窮状」を抜け出す唯一の英断（＝聖断）と思えたにちがいない。

だが天智の没後、準備万端怠りなかった大海人は即座に動き、大軍を率いて、東西南北から北朝に攻め上った。迎え撃つ北朝も、各地に派兵を求め、南朝勢力を迎え撃つ。「壬申の大乱」勃発だ。日本書紀の掉尾を飾る「大乱」戦、10（～3）万対10（～2）万が激突する「大争乱」であった。

＊おそらく天智の意を受けて即位され皇位を継承されたであろう弘文天皇（648～672）は、最終的には敗北したが、近江全域を舞台に勇猛果敢に闘ったというべきだ。そのうえ、天智建国の理念は、「断絶」の憂き目を見るのではなく、むしろ天武（天智の兄あるいは弟）・持統（天智の娘）によって引き継がれたばかりでない。天智の血脈は、天武の皇子をへて孫の光仁天皇に受け継がれた。天智にはじまる皇位継承こそがはじまったというべきである。

6　初代天皇は、なぜ天武ではないのか？

1　チャイナは「断絶」の帝室史

秦「始皇帝」の存在は認める。だが、吾（「武帝」）から真のチャイナ皇帝史がはじまる。これがチャイナ正史＝『史記』の意志（天命）であり構造だ。

対して、『日本書紀』の皇室史は「連続」であり、「一系」だ。第一走者「天智」から、第二走者「天武」へというバトンタッチ、これを日本「皇室」史がとったのだ。

同族（血脈）だが、王権をめぐる中大兄王（派）と大海人王（派）の長期にわたる対立と闘争が、壬申の乱で「決着」を迎える。

最終勝者、大海人王は、中大兄王をさしおいて、自身を最初の「天皇」であるとすることに、誰も反対はできなかっただろう。だが「壬申の大乱」は、『日本書紀』においては、「現代史」だ。生々しい。それに、「近畿（広義の大和）」を中心とした争乱である。日本全土の趨勢はいまだ決まっていない。

2　日本書紀は、日本が「独立」宣言をした、最初の「統一」と「独立」の宣言書であった。初めての「日本の自画像」である。

3　ただし、すべて「漢文」によって記述された。この編纂事業は、漢語を和語で表記する一大文化（政治）プロジェクトであった。結果、「漢文」を読み・書ける多くの「日本人」を産み出した。日本語の「創世記」を彩る一大事業でもあったことを忘れたくない。

＊岡田英弘　1931・1・24～2017・5・25　東京に生まれ、56年東大・文（東洋史）卒。57年『満文老档』の研究で日本学士院賞受賞。59～61年米、63～65年独に留学。66年東京外大助教授、73年同教授、93年退官。『倭国の時代』（1976）『世界史の誕生』（1992）『日本史の誕生』（1994）『歴史とはなにか』（2001）『モンゴル帝国の興亡』（2001）『中国文明の歴史』（2004）『モンゴル帝国から大清帝国へ』（2010）『岡田英弘著作集』（全8巻　2013～2016）

2　宮崎市定――比較文化論の「威力」＝「皇帝」と「天皇」はどう違うのか？

わたしが、愛読者になり、長いあいだ、その多彩で膨大な著作を最も熱心に読んだ歴史家（シナ学者　＊京大は支那学）は、宮崎市定だ。その論じる範囲は広く、モダーンかつ多彩である。

（1）瀬戸内海文化圏

1　「地中海」文化

1　「大和は国のまほろば」といわれる。「大和」とはどういう国か、どんな「イメージ」でとらえたらいいのか？

そのポイントをズバリ、意外な視角から教えたのが、宮崎市定（1901～96）、生え抜きの京都学派だが、シナ（中国）・東洋史だけでなく、研究領域が東西・日、古～現代と幅広く、『謎の七支刀　五世紀の東アジアと日本』（中公新書　1983）等多彩な著書を持つ、しかも素人の読者をもはねつけない、正真正銘の碩学だ。

2　宮崎は、歴史研究以外にも、毛思想を神格化した「文化大革命」中に、毛思想を木っ端みじんに批判した「論文」（のちに『中国政治論集　王安石から毛沢東まで』〔中公文庫　1990年収録〕）や『論語』のイメージと解釈を一新させた『論語の新研究』（岩波書店　１９７４）を出している。95歳で亡くなったが、最後まで「現役」であった。

いま、宮崎が戦前１９３０年代に書いた本を読んでも、文章が全然古くさくない。その最晩年に書いた学問的エッセイ集を読んでも、若々しい。新聞記者から京大教授になり、シナ研究に新機軸を開いた内藤湖南に師事した、文字どおりの国際派でもある。その語り口は、こんな具合だ。

３　東アジア史を研究対象にすると、「シナ」という国が「世界」だという「意味」が実感される。

シナは、入るものは拒まず、出るものも拒まずという国で、他域との「交流」がさかんだ。そのシナが栄えるときは、世界の富（人間・もの・情報）がワーッと入って来る。衰えると、ワーッと逃げていく。とにかく浮き沈みが激しい。

４　世界に四大文明発祥地がある、とは小学生でも知っている。私たちは、この四つが、同時並行的に発生し、別個に発展した後、交流した、というイメージで教わってきた。だが、どうもそうではないらしい。

世界の文明が一番先に発生・発展したのはどこか？　宮崎が説くところ、現在の中東のシリア（メソポタミア）だ。シリアは、地中海に面した東西交通の要衝で、北のトルコ高原と南のアラビア半島が接する地帯、文字どおり西アジアの十字路だ。宮崎は、地中海の奥懐に抱かれたこの地を文明の最古の発生地とする。なぜか？

地中海の付け根だ、という以外説明はしない。だが、事実、この地に諸民族が去り来たって多彩な歴史を織りなした。紀元前３０００年ごろ、カナーン人（フェニキア人）がこの地に移住し、世界最古の都市を築き、アルファベットを発明したり、地中海を舞台に国際貿易で活躍したりした。

私たちは地中海文明というと、ついギリシアやイタリア、スペインを思い出す。だが、その発祥の地は地中海の一番奥で、その後背地がメソポタミアである、ということを忘れがちになる。

５　では、ひるがえって、日本の地中海ってどこだろう。瀬戸内海で、まずその一番奥の付け根に「成熟」した文化が生まれた。けっして、外海に口を開けた九州側からではない。そして、「近畿」から西に向かって「文化」が伝播していった。これが宮崎説で、大胆だが、でも、「ころり」と納得しそうになる。

瀬戸内海の付け根、大阪湾に臨むところにまず新しい王朝が出来た。それが、「邪馬台国」か、「倭国」か、「大和朝」かどうかはわからない。が、そこに一つの「土着」（ネイティブ）というか、日本固有の文明をもった「国」ができ、そして、それがずーっと西に進んでいった。こう宮崎は言う。

６　もちろん、宮崎は、シナの文化が朝鮮半島を通って、もの・人とともにはいってきた、ということを否定はしない。その「外来」文化が土着の文化に接合・同化し、新しい固有文化として定着する「場面」のことを述べているのだ。「土地」なくして、「花」は咲かない、だ。

2　文化の中心は移動する

1　文明は、まず地中海の一番奥深いところにはじまった。それから、周辺部分（エジプト）に拡がり、一方は、どんどん、どんどん西に行った。ギリシア、ローマからフランスとドイツに行って、イギリスにたどり着く。もう一方は、どんどん東側に進んだ。インドとシナ、……。世界四大文明の発祥地などといわれるが、並立的に発生したのではない。伝播の順序がある。要するに、文化は湾の付け根、一番奥深いところ、外敵侵入の難しいところから生まれた、というのが宮崎市定の「勘」（歴史センス）なのだ。じつにシャープじゃないか。

2　逆に言えば、文化が絶対に根づかず、発展しないところとはどんなところかもわかる。ドーッと外洋に開けた、後背地のないところ。出るも、入るも、一方交通。

「バンダル帝国」というのは、東方ゲルマンが紀元前1世紀に移動をはじめ、長い間かかってヨーロッパを横断し、ジブラルタル海峡を無理矢理渡り、アフリカの北部沿岸にたどり着き、ついに5世紀の前半に「帝国」を建国した。

ここまでは前進また前進の歴史。同化ではなく、侵出＝征服の歴史。しかし、「理想」と思える地にたどり着き、定着をはじめると、すぐに衰退に向かって滅んだ。こういう「ところ」（地域）には文化は根づかない。文化の成熟がない。

3　日本の地中海

日本の「地中海」、瀬戸内海というのは海というより運河というべきで、天気のいい日なら、「瀬戸」を避ければ、琵琶湖（淡路の海）よりもおだやかと思える。その内海の一番奥で力を蓄えた河内・大和圏が、西へ進んでいったところ、北からの九州・朝鮮圏、大陸圏とバッティングし、その時に、両者を統合する新しい文化を持つ王朝ができた。それがおそらく、倭の五王の「武」あたりじゃないか。

この「文化は移動する」という、宮崎の軌跡の描き方が、ものすごくおもしろい。ただし、うまくできていて、実証的な説明はないものの、これだけで納得しそうになる（から恐ろしい）。

4　大阪湾・河内・大和は水の都、難波・浪速・浪花

1　『日本書紀』や『古事記』には、「権力」（天皇家）は「東征」、九州（日向）から瀬戸内海をたどって東に向かって進軍し、河内や大和に侵入した、とある。しかし、宮崎は、「西征」で、出発の地が瀬戸内海の一番奥、大阪湾に臨む河内平野（河内湖）、さらにその奥の大和平野（盆地）とする。

ここは気候がいい。（たしかに暑い。平均気温は沖縄をのぞけば、日本一だろう。）

北に淀川、南に大和川が流れ、水利と交通の便は抜群。それに大和盆地はいわば「壺中の天」というか、三方を山で囲まれた要害の地だ。

2　現在の河内（大阪）平野は、かつてはほとんど湖で、難波はいうならば水の都だ。文化が成熟するのにもってこいの自然条件を備えていると思える。

後に、秀吉が難波の上町台地（大阪で唯一水害から免れることのできる南北に細くのびる地帯）の北の端に、大坂城を築いた。最大限に「水」を活用し、何重にも堀で囲い、難攻不落の砦とした。

3　現在の大阪平野の大部分は、もともとは河内湾で、開口部が淀川、上町台地は細長い半島部分をなして外海からへだたった状態で、その湾が淀川水系と大和川水系によってどんどん埋まり、また干拓工事で埋め立てられていった。大阪が水・商都となり、帝都奈良・京都の表口へと変貌していった。

5　記紀でもっとも「古い記述」は、もっとも「新しい事実」がモデル

1　記紀は歴史家（編纂者）によって書かれたものだ。その歴史記述で一番難しいのは、「最近」の歴史である。

「最近時」のことは、当事者、関係者ばかりでなく、諸事実をよく知ってる人たちが現存している。「嘘」を書けないというより、むしろ「本当のことは書けない」というプレッシャーが働く。書くと差し障りがでるからだ。

明治の元勲、木戸孝允（桂小五郎　1833～1877）の「悪評」を書いてさえ、木戸の関係

者、縁者等は現在なお政財界にたくさんいる。差し障りが生じる。

2　例えば、書紀による「初代天皇」、神武の「東征」だ。

天皇家「始祖」の兄弟が、日向を発し、豊、筑紫に足をとめ、安芸に入り、吉備でゆっくり戦備を整えて、瀬戸内海を東上し、河内湾に侵入、大和に攻め入ろうとして、河内・大和連合軍に手ひどい反撃にあって、惨敗を喫する。この戦いで長兄が負傷して死に、三人の弟は大阪湾を南下して再起を期すことになった。

3　しかし、その航行中、次兄と三兄が嵐にあって亡くなる。末弟一人になったが、彼は紀州の熊野にとりつき、北上して、艱難辛苦(かんなんしんく)を乗り越えて、大和と伊賀が接する宇陀から大和に侵入。大和でも苦戦を強いられたが、豪族（荒ぶる神たち）を平定し、橿原宮で即位することができた。これが、紀記に記された、神武の東征と大和平定の建国物語の道筋だ。

4　ただし、日本書紀では最初から末弟が物語の主役であるのに対し、古事記では、その死まで長兄が主役で、その後は即位する弟が主役というように、ヤマト国家の始祖王が二人（二系列）になっている。二人始祖王というのは、とても興味深い。

6　「東征」は「西征」である

この「東征」説を、「最近」時に起こった「西征」と置き換えてみると、ヤマト建国時代の事情がよくわかる。

1 「吉備の反乱」と言われているものだ。
瀬戸内海は大和政権の要路であり、要衝だ。この要衝を抑えていたのが吉備一族で、主体は水軍。日本書紀にこんな記述がある。

1）応神天皇は妃の「エヒメ」の請いにより、吉備に行幸し、「ミトモ別（わけ）」の一族と妃に吉備の国を与えた。

2）吉備の「サツキヤ」は、雄略天皇を呪詛していることが露見し、天皇は彼の一族を殺す。

3）雄略は、吉備の「タサ」を任那の国司に転勤させ、彼の美人妻「ワカヒメ」を召し出させる。タサは新羅に通じ、次いで百済を動かして反乱を起こそうとしたが、挫折。

4）吉備の「オシロ」は、征新羅将軍に任じられ、出征途次、吉備に寄ったところ、雄略天皇の死報が届いた。ために、オシロが率いていた蝦夷500人が反乱、オシロがこれを鎮圧。

5）雄略死後、妃の吉備の「ワカヒメ」は、幼子の星川皇子を、今こそ天下を、とそそのかし、乱を起こさせた。この報を聞いた吉備軍が軍船40艘を東に向けたが、鎮圧され引き返した。

もちろん、これはヤマト政権の視点からする記述だ。それでも、ヤマトのえげつなさ、すさまじさは、驚くべきものである、ということがわかる。

吉備族からすれば、一族の支配地を、さまざまな難癖を付けて奪い、一族を滅ぼした憎いヤマト、ということになる。

巨大古墳群が存在する吉備（現岡山県）一族が起こした「吉備の乱」は、日本書紀では5世紀の後半ということだが、正確な時代はわからない。応神や雄略の存在もここでは不確かなままにしておかざるをえない。しかし、ヤマト政権が地方に盤踞する「王」たちを討伐する大規模な事件として記憶されていいだろう。そういえば、安芸もまた水軍の古くからの根拠地であったから、当然「西征」の対象になったと見ていいだろう。

2　「磐井の乱」だ。

ことは朝鮮半島情勢にかかわる。日本書紀はこう記す。

(1)　継体天皇21年（527）6月、任那に6万の軍を発した。新羅に滅ぼされた加羅を奪還するためだ。

(2)　筑紫の国造（くにのみやつこ）磐井は、新羅に通じ、遠征軍の渡海を遮った。

(3)　天皇は物部アカラビを筑紫に派遣。次の年11月、ようやく平定することができた。

ヤマト政権の視点から、筑紫征伐と、朝鮮半島に再度橋頭堡を築こうという試みが、ここに記されていることがわかる。

しかし、ことを、朝鮮半島側や筑紫磐井の目から見ると、朝鮮の新羅と結びついた独立色の強い九州「地方政権」とヤマト「中央政権」の「衝突」があり、筑紫では負けたが、朝鮮半島ではヤマトの派遣軍を撃退した、ということになる。

つまり、記紀の記述では、ヤマト政権は「西征」によってヤマト統一政権（ヤマト朝廷）を打ち建てたが、代わりに、朝鮮半島での影響力を完全に失ってしまったということになるわけだ。

この二つの「乱」の物語は、独立色の強い諸国連合のヤマト政権から、統一色の強いヤマト政権への変身を物語っているという意味で、「西征」といっていい。しかし、内乱を平定したというだけではなく、内乱を平定するだけの政治的軍事的要素をヤマト政権が獲得したということを語っているのではないだろうか。「西征」を可能にする「強力な要素」の獲得で、重要なのは、それが何か、だ。

(2)「王」というのは地域の支配者。「天王」は統一国家の長

宮崎から学ぶべきは、「王」、「大王」……「天皇」、「皇帝」という「称号」の意味だ。曰く。

1 「王」というのは豪族で、中央の統一政権にたいする一地方の支配者である。「倭奴国王」、高句麗の「好太王」は、地域のトップだ。その「王」位を与えたのがシナ皇帝で、「皇帝」は秦の始皇帝からはじまる。

2 「天王」という称号は、秦よりさらに前の春秋時代にはじまり、周王を指す呼び方だった。周は春秋(戦国)時代より古い。ところが、秦以来、中央のトップが皇帝と称するようになり、一時、天王の称号は消滅する。だが、秦、漢と強力な「統一」国家が生まれ、3世紀頃からシナは四分五裂してゆく。これはシナでも朝鮮でも同じで、諸王の上に立つ統一的政府をもちながら、

それが複数のため、「皇帝」を僭称することをはばかった「王の中の王」たちが、「天王」の名を再び復活させてくる。

3　シナが分立国家になり、それがある程度固定化すると、我も天王、彼も天王ということになる。

例えば、三国時代、最も辺境の地に押し込められた蜀の劉備玄徳は「皇帝」を名のるが、「天王」のほうもどんどんインフレしていって、たんに国王の意味に広く用いられるようになる。

（3）皇帝に対する天皇

1　日本の場合、皇帝に対する「王」から、「諸王の王」つまり「天王」に昇格する過程は、シナから相対的に独自な統一国家の成立過程と軌を一にしていると思われる。

日本書紀の雄略記（宮内庁図書寮本）に、「天王」が出てくる。

「辛丑年、蓋鹵王（がいろ）は［王］弟昆支君を遣わし、大倭に向かわせ、天王に侍せしめ、以て兄王の好を脩めしむ。」（原文漢文）

＊後世の写本では「天王」の箇所が「天皇」となっている。が、「天王」が正しく、後に「天皇」に書き改められていったのだろう。

それはともかく、記述内容からは、百済「王」に対して、大和「天王」を対置し、優越性を出そうとしている文意が十分読みとれる。

2　日本書紀は、諸外国に対して、日本がいかなる歴史存在であるのかをアピールする目的をもって書かれた。だから、朝鮮はシナの属領、日本は独立国だ、と主張したのは当然といえば当然いえる。

3　ところが、シナに隋、続いて唐という「統一」国家が生まれ、長い間途絶えていた国交を開かなければならなくなった。皇帝への「朝貢」だ。

でも、日本は独立国としての気概を示したいし、国内情勢もそれを要求している。それで、皇帝に対して天王では、どうしても、一段下がった地位を主張するだけでは、主権ある独立国の長としてはまずい。それで、自尊とも尊大ともとれる態度に出る。

皇帝と同格の天皇を「僭称」したのだろう。もちろん、日本とシナとは「対等」だ、などという内容の親書を隋にもっていったら大変なことになるのだから、使節はおそらく親書を「改竄」して奏上したと思われる。

4　ただ、このとき、天皇が天王に取って代わる、正式に効力をもって広く用いられた称号だったかとなると、そうではなかったのではといわざるをえない。

（4）俗権と聖権

それからもう一つ、忘れてならないのは、皇帝と天皇にまつわる、俗権と聖権の関係だ。

1　シナでは、秦・漢という強力な帝国が滅びる。皇帝は形だけ存続してゆくが、各地にどんどん「天王」がでてきて、皇帝の影はどんどん薄くなってゆく。

例えば、魏の曹操にとって漢の血を引く皇帝は、いうところの「玉(ぎょく)」だ。天王が「権力」を正統化するための「権威」にすぎない。露骨に言えば、「担保」だ。そして、曹操が死ぬとその子曹丕が帝位を「禅譲」し、文帝になる。ただちに、蜀の玄徳、呉の孫権も皇帝を名のる。皇帝は一人なのに、三人となると、大インフレだ。

2　ところが、魏氏が帝位に就くと、次第に貴族化し、実権を宰相の司馬氏に握られ、ついには帝位を司馬氏に禅譲しなければならなくなる。晋帝国だ。

シナには、聖俗一体というか、俗権を超越した象徴としての皇帝という考えは稀薄だ。したがって、俗権を握っている皇帝が倒れると王朝が代わるというように、王朝興亡の歴史なのだ。

3　対して、日本では、統一政権がヤマトにできた当初から、天王家が、世俗権力であると同時に超俗的＝宗教的権威であって、俗と聖の両側面をもちながら、政治支配権の争奪に直接参加していったと思っていい。

4　記紀の編纂による天皇家の「歴史」（物語）が実体化されてゆくにしたがって、いわゆる「万世一系」の原則が確立するとともに、天皇家が超俗的存在に一元化されていったのだろう。代わって俗権を握ったのは藤原氏だ。（正確にいえば、聖と俗の分離という構図を描き、実体化していったのは、日本書紀編纂事業に参画、領導した、藤原鎌足の子、不比等だった。）

5　やがて、日本に、聖俗二重構造の国家が成立する。文字通りの大和朝廷だ。政権に興亡があっても皇統は不変である、という日本の「国体」（national identity）が不動なものとなった。これは政治上、すごい「発明」であり、日本はこの政治上のイノベーションを現在に至るまで持続してきた。

＊宮崎市定　１９０１〜１９９５　長野秋津村（飯山市）生まれ。22年松本高卒、25年京大東洋史科卒、兵役、27年高校講師、29年三高教授、34年京大助教授、36〜38年仏留学、44年教授。『東洋に於ける素朴主義の民族と文明主義の社会』（１９４０）『アジア史概説』（１９４７／48）『古代大和朝廷』（１９８８）明晰な文章を書き、全集を出し、学問（仕事）を総括し、晩年まで書いて、ほぼ理想的な学者生活を送った。

3　古代史、中世史、近世史の「特質」を知るために

岡田英弘以前に、日本歴史研究で際立った仕事を残した歴史家を、三人だけ紹介しよう。選んだ基準は、わたしの好みもあるが、古代史、中世史、近世史を特徴づける代表者で、しかも読みやすく、わかりやすい。

（1）網野善彦――「農耕中心」史観の打破

網野善彦（1928〜2004）は、旧コミンテルン（世界共産党）型の「唯物史観」で裁断する歴史思考から免れた、数少ないマルクス主義歴史家で、1970年代までは「傍流」だった。

だが、日本と日本人のイメージ＝〈瑞穂国と農民＝「百姓」〉という通説を打ち砕く研究（その結晶が『日本中世の非農業民と天皇』岩波書店　1984）を発表し、社会「全体史」の構成を目指し、マルクス主義史学の「修正・再興」を目論むリーダーとなる。

また、司馬・池波・藤沢の時代小説考証を乗り越えようとする新潮流、隆慶一郎『吉原御免状』、『影武者徳川家康』等々を生み出す契機を与えた。すばらしい！

1 「百姓」とは何か──「海洋国」日本

1 日本人（われわれ）の一般的通念では、「百姓」とは農耕民のことで、その百姓を束ねる（統合する）のが「天皇」であり、「みずほ」（瑞穂）＝「水稲」のイメージと重なる。

だが「百姓」とは、文字どおり、あらゆる生業に従事している人を含むことはいうまでもない。網野は「百姓＝農民」という通弊打破から「出立」する。

日本の社会を水田中心の農耕社会とする「常識」の根はきわめて深い。海の世界、「海民」を、さらには「非農耕民」を切り落として歴史をとらえる見方は、構造的といっていいほどに強固である。これを根底から覆そう。網野の学的野心で、じつにまっとうだ。

2 例えば、「時国家（ときくに）」だ。

奥能登は田畑が少なく、交通不便な「貧しい」地帯と見なされてきた。だが江戸期、100人を超える下人をもつ時国家や黒丸家のような豪族がいたのだ。ところが、従来、この豪族が名田経営＝大「手作り」経営、中世（荘園）経営の「残存」ととらえられてきた。

日本はそもそも海洋列島だ。交易による商業資本の展開が活発で、製造業はもとより、交易、漁業、林業、鉱山経営等々、あらゆる産業が「海」を介して展開されてきた。時国、黒丸家もその一つだ。

3 とりわけ江戸時代（それ以前から）、水運・海運を通じた流通経済の大進展があり、非農業民の活躍と、それに依拠した「政治」基盤の発展もあった。時国家は、松前や佐渡、敦賀等を拠点に廻船を、塩釜（塩田）や山林をもち、塩や木炭（エネルギー）を製造・集積し、広域商業を展開する巨大な商業資本だった。瀬戸内海にも同じような事例が無数にある。日本全国に拠点港とルート網を持つ海商が活躍した。（江戸期には、高田屋のような天文学的財を蓄積した巨商＝総合商社もうまれた。）

4　網野は「百姓＝農民」という通念を打破する。「土地」をもたない水呑＝貧農、「村」＝農村ではないことを証し、百姓存在に、多様で豊かな可能性、日本の政治経済文化の諸相にあいわたる展開を見ようとする。日本の歴史の豊饒さをだ。きわめて注目すべき研究である。（『日本社会再考──海民と列島文化』１９９４）

網野の研究は、その底流で、宮本常一『忘れられた日本人』（１９６０）や『海を開いた人々』（１９５４）の問題意識を批判的に受け継ぎながら、高田屋嘉兵衛の活躍を描いた司馬遼太郎『菜の花の沖』（１９８２）へとつながってゆく、とわたしには思われる。

２　「無縁」論は無政府主義

１　だが網野はマルクス主義史学者だ。70年代までは少数派だったが、コミンテルンの32テーゼを墨守する「講座派」の没落によって、好むと好まらずとにかかわらず、80年代に左翼史学のトップランナーに躍り出る形となった。

網野は、日本国の誕生が「日本」と「天皇」がはじめて登場した１３００年前であること、

「自明」だと述べる。同時に、「日本」と「天皇」のはじまりは、日本（列島）の歴史のはじまりではない、とする。なぜこんなことを網野は麗々しくいわなければならないのか。

日本国と皇統（天皇伝統）に「統合されない」諸要素＝「無縁・公界・楽等」を、民俗学的手法で「発見」し、「国家」や「天皇」に包摂されない日本と日本人の歴史を、「列島の社会史」として再構成しようとするからだ。（天皇の出現と日本国〔人〕の出現は同時であるといいながら、天皇以前の歴史、天皇に包摂されない諸要素を発見しようとする。そんなことは可能なのか？）

2　さらに、中世に顕著となる世俗の権力や武力とは異質な、「自由」と「平和」、すなわち「無縁・公界・楽」の原理は、特殊例外的な原理ではなく、人類史とこの日本の「自然」のなかに生きてきた普遍の本質であると記す。

つまりは、日本の諸権力と天皇の歴史記述は、日本社会を構成するさまざまな要素を差別し、排除・抑圧し、むりやり統合した日本近代国家と天皇制を反映したものだと断じるのだ。近代以前の日本史は、近代の「創作」（神話）であり、その神話をこそ打破しなければならない、という。

3　しかし公権力や私権力に抗して生きた無縁たち（＝世俗権力の私的支配下にない）が、「自由」と「平和」を原理に生きていたというのは、ルソー流の「原始状態」の再版、あるいは唯物史観の「無階級社会」の新版といわなければならない。

これは「天皇」（制）こそ「戦争」と「抑圧」の元凶である、したがって平和と自由な社会を取り戻すためには、何がなくても「皇統廃絶」しなければならないとする、コミンテルンが「創造」(＝捏造)した「天皇制打倒」論の純粋(＝幼稚)型である。

網野の主張は、その歴史考察に多々注目すべきものがあるものの、占領史観や唯物史観よりも、さらにいっそう低劣悪質である。日本国の歴史(記述)は『日本書紀』以来信用できるものはなく、すべて創作(＝神話)の類であり、すみやかに放擲すべきだ、と主張することになるからだ。「歴史」自体の否定に終わる。

3 非武装中立型の平和教

公的・私的権力に抗して、自由かつ平和に生きてきた人々を、この列島史のなかに発見するのはそんなに困難ではない。同時に、公的・私的権力に抗して、強圧かつ好戦的に生きた人々を発見するのも、いっそう困難ではない。さらには、権力に同調して、自由かつ平和に生きた人々を発見するのは、もっと簡単だ。

しかしそのいずれの場合も、彼らが権力や資本の「外」で、「自由で平和」に生きることができたか、と問い直してみればいい。「無主」「無縁」「楽」を原理にして生きようとすると、無主・無縁・楽で生きられることとは、違う。当たり前のことだ。

むしろ統合・同調・支配は、権力の意志であると同時に、非権力の無意識(自然意志)である。極端な比喩だが、権力者がこの指とまれと名乗り出ると、待っていましたとばかりにその指にとまろうとするのが、非権力の自然力（＝無意識）である。親鸞は「非僧非俗」で、「仏」以外のいかなるものにも依拠しないで、生きようとした。しかし親鸞が生きた世界は無主でも無縁でもない。本来、有主と無主、有縁と無縁は、自由と抑圧、戦争と平和が密接不可分に関係しているように、「別天地」なのではない。当たり前ではないか。

平和が人間の本質で、戦争が人間の非本質なのではない。人は、平和のために戦争をするし、戦争のために戦争をする。それが人間の自然だ。戦争を防止するための準備＝自国防衛に意と力をそそがない存在こそ、抑圧下におかれ、死滅を余儀なくされることがあった。今日でもそれは変わっていない。

網野の言葉を聞いていると、「銃口から革命」のコミンテルン型共産主義ではなく、「非武装中立」を理想とする日本マルクス主義の最新型（＝平和教）に思える。いっそう安直だ。

＊網野善彦　1928・2・22～2004・2・27　山梨笛吹市生まれ。47年旧制東京高卒、50年東大・国史科卒、日本常民文化研究所へ。55年から高校教師、66年『中世荘園の様相』、67年名大助教授、78年『無縁・公界・楽――日本中世の自由と平和』（平凡社）、80年神奈川大教授。『日本中世の非農業民と天皇』（1984）『日本論の視座――列島の社会と国家』（1990）『日本社会の歴史』（1997）『網野善彦著作集』（全18巻＋別巻　2007～2009）

（2）大石慎三郎――「江戸の歴史発見！」

明治維新は、欧米の衝撃＝「外圧」を受けて生まれ、日本近代（産業資本主義＋民主制）が出発した。だが、徳川期に生成した内在的力（ポテンシャル）がなければ、明治維新も近代日本も生まれなかった。

だがこれは、言葉としてわかるが、日本は徳川中期以降、「身分制」「幕藩体制」「鎖国」等々で、150年ほどの停滞あるいは疲弊があった。どうして、「維新」を起こす主体的力などありえた、といいうるのか。

この疑問に、目の覚めるような「事例」と「数字」を示して、江戸時代を斬新に彫り直したのが、史家の大石慎三郎（1923～2004）である。

1 『江戸時代』――「虚像」の打破

1　大石の『江戸時代』（1977）は、『元禄時代』（1970）と『大岡越前守忠相』（1974）につづく新書版三部作（というべき）で、その江戸研究の総括かつ精髄である。

なによりも叙述が平明（リーダブル）だ。それに特定のイデオロギーで歴史を裁断しない、フィールドワークをもとにした、柔軟な観察、分析、考察に満ちている。それにこの人、ユーモア感覚に欠けていない。

2　全8章の章題と中核の節題をとりだして見るだけでいい。江戸近世の歴史が一目瞭然だ。

Ⅰ「世界史にとりこまれた日本」（3　狙われた日本の金銀）

Ⅱ「〝大開発の時代〟とその終焉」（4　おしすすめられた小農自立）

Ⅲ「構築された社会」（2　近世城下町の成立事情）

Ⅳ「江戸の成立と発展」（5　屎尿と塵芥の問題）

Ⅴ「絹と黄金」（4　衣装代に消えた日本の金銀）

Ⅵ「分水嶺の時代」（2　農民的過剰の成立とその影響）

Ⅶ「顔の時代」（3　誤られた田沼像）

Ⅷ「近世から明治維新へ」（1　明治維新の利得者をさぐる）

3　ちょっとわかりにくいのがⅢ「構築された社会」だろう。「江戸時代は、わが国の歴史のなかで、もっとも社会が人工的（政策的）かつ計画的に組み立てられた時代」という意である。えっ、江戸「情緒」や「風雅」といわれているものが「人工」をもとにしているのか、といわれるだろう。然り、なのだ。

4　大石は、時代小説や映画・芝居・講談等、大衆娯楽に登場する人物や事件を登場させ、その「虚像」と「実像」をたくみに対比させることで、歴史の結節点（グリグリ）を解きほぐそうとする。じつに鮮やかで、「小説」を読むようなのだ。

2　『田沼意次の時代』付、山本周五郎『栄花物語』

大石のもっとも成功した歴史像・人間像の彫琢は、田沼時代（意次）の解明（この総括が『田沼意次の時代』1991）だ。

1　田沼意次を史上最悪の腐敗した汚職政治家に仕立てたのは、歴史家の辻善之助『田沼意次』（1915）である。大石はまず、辻が依拠した「史料」を根拠なきものとする。それでも「火のないところに煙はたたない」。

では「煙」をさかんにたてたのは誰か。他でもない、8代将軍吉宗の孫、松平定信である。9代将軍家重就任によって、将軍になる芽を摘まれ、田沼によって政権（幕閣）からさえ外されたので、田沼憎しに燃え、政権奪取を至上課題とした。

2　江戸期、幕政を総括指導する首脳権力に、大別2つの昇進コースがある。

Ⅰ型　奏者番→寺社奉行→大坂城代→京都所司代→老中　一定水準の家禄家柄の譜代大名

Ⅱ型　小姓→側衆→側用人（御用取次）　家禄家柄を前提としない、将軍の信任者（寵臣）

Ⅰ型の例　奏者番になった郡上八幡の藩主金森頼錦（よりかね）は、重税を課して足かけ5年にわたる一揆騒動を誘発、改易された。この裏に、幕閣入りを狙う金森の野心があり、それに加担し、賄賂を受け取った老中、若年寄の幕閣、大目付以下手代にいたる幕吏が多数処罰された。この事件、ちょうど直接税増徴推進派の退場と、田沼意次をリーダーとする間接税派の登場の契機となる。いうまでもなく田沼意次はⅡ型の典型で、大名、老中（首座）まで昇進。

3　Ⅰ型の典型が定信で、家柄家禄申し分なく、（吉宗の長子）家重ではなく、弟（宗武　定信の父）が将軍位を継げば、当然、自分が政治のトップになっていたはずだという自負心が強い。幕政を取り仕切り、自分を白河藩主に「追いやった」田沼への憎悪心に燃えている。この人、田沼を蹴落とし、自ら幕閣に入って権を振るうためには、賄賂や汚職ばかりか暗殺等々、策略をいとわない。

狂歌に「白河の清きに魚も棲みかねて　もとの濁りの田沼恋しき」とあるが、二人の実像は真逆。

4　田沼は、通貨を統一し、商業資本・流通経済の拡大で税収増をはかり、干拓・開拓事業の推進等の積極経済政策をはかった。だが、積極策は進捗せず、増税（直接税）・質素倹約・統制強化をかかげる定信に頓挫させられた。ただし、幕政は行き場を失い、定信も7年で失脚。

山本周五郎は小説『栄花物語』（1953）一編で、なんの「歴史」根拠も示さずに、「田沼意次」像を180度転換させて見せたが、大石は山本のフィクションを「史実」に変えたといってよい。

3　大江戸史話――エピソードの歴史

1　大石の著述は平明だといった。読みやすいという理由からだけではない。おもしろくかつ説得力に富んだ叙述内容でもあるからだ。

プルタルコスの英雄伝は、現代欧米人にとってさえ、けっして読みやすい本ではない。とりわけ日本人にはだ。だがルネサンス期の作家、思想家に決定的ともいえる影響を与えた。たとえば『シーザー〔カエサル〕』のシェークスピアであり、『エセー』のモンテーニュである。その英雄伝や雑録が近代西欧文学と哲学への「架け橋」となった。

プルタルコスの英雄伝と浩瀚な『モラリア』(人生論集)が、あの皮肉屋のモンテーニュに受け入れられた理由の一つは、登場するエピソードや人生相談風の「実録」にあった。例えば、プルタルコスは記す。

ソクラテスは、その叡智と武勇によって、アルキビアデスの愛を勝ち取り、彼を忠実な弟子にした。そして、アルキピアデスは、叡智ばかりか「武勇」で、さらに比類なき美貌とアテネ史上最大の知略と政略を発揮する政治家になる。だが、彼は祖国アテネを裏切ったので、アテネ国民に総スカンを喰らい、師ソクラテス「死罪」の因をつくった。……こんなエピソード、知っている?

2　大石に「史話」(私話)ばかりを集めた『大江戸史話』(1992)がある。エッセイ集、エピソード集といっていい。

どれもエッセイであるから、短いが、中身は濃い。その一節(一編ではない)から、長編小説一編が生まれる可能性があるほど、語り口は淡泊だが、内容は濃厚だ。たとえば、横紙破りの大久保彦左衛門忠教(のエピソード)にからめて、

1614年(慶長19)、大久保忠隣が、徳川家の金庫番だった大久保長安の事件に連座して、失脚する。大久保彦左衛門は、忠隣(小田原藩主)領内に2000石を領していたが、忠隣の兄忠世の子だ。忠隣の改易は、武功派に対する吏僚派(本多正信ら)の勝利であった。

1622年(元和8)、本多正信の息子正純(宇都宮藩主)が改易された。芝居や映画では「釣り天井事件」が理由とされるが、なんの根拠もない話。また吏僚派に対する武功派のまきかえしとみられなくはないが、むしろ実権を握った吏僚派内での権力闘争とみなしたほうがいい、とある。

隆慶一郎『吉原御免状』(1986)は、家康=影武者説に隠れて目立たないが、将軍秀忠派(酒井忠世、土井利勝)対大御所家康派(本多正純、成瀬正成)の対立があって、正純の改易で秀忠派が勝利するという、大石のエピソード通りで、徳川初期政権の見えにくい過程をビビッドに描く、時代小説の新潮流だ。

3 大石は、好んで、歴史の「常識」を覆すような断片を拾い集めているように見える。そうではない、と見たい。

大老井伊直弼は、「開国」は米国と「兵端を開かず、国体を辱めないためのものだ」といったとされる(エピソード)。直弼が「勅許」を得ないまま断行した「開国」は、「まったく情報から閉め出された大衆の無知をバックに戦いをしかけ」られたために、「利を得ない闘い」に終始せざるをなかった、と大石は述べる。ただし直弼を擁護してではない。

直弼の開国は「正当」だった、は歴史の大局・構図を理解してはじめていいえる弁だろう。長期にわたる幕府による海外事情の「独占」がなく、世界と極東情勢が大衆にまで知れわたっていたら、直弼の「国益」次元の発言が、日本を有利な闘いに導くことを可能にしただろう、と加えるからだ。

＊大石慎三郎　１９２３・９・６〜２００４・５・10　松山生まれ。49年東大・文（国史科）卒。文部省史料館を皮切りに、高崎短大、神奈川大を経て、63（〜94）年学習院大教授。94年愛媛県歴史文化博物館の初代館長。『封建的土地所有の解体過程』（１９５８）『江戸転換期の群像』（１９８２）『大江戸史話』（１９９２）『徳川吉宗と江戸の改革』（１９９５）『江戸の奇跡　富と治世と活力と』（１９９９）

（3）中国史から見た日本史

1　宮崎史学から岡田史学へ

内藤湖南（１８６６〜１９３４）の支那史から宮崎市定の中国史へ、そして宮崎中国史から岡田英弘の中国＝チャイナ史へ、これがチャイナ史学のメインストリートである（と思える）。だがただいま岡田が最高峰であるとはいえ、内藤、宮崎にどれほど批判的であっても、二者を「前提」しない岡田説は、かなり中身の薄い状態になる（と思える）。

1　宮崎の中国史の功績の第一は、交通・交易・交渉を文明形成の基軸に置いたことだ。アジア東部とアジア西部、さらにはヨーロッパは、有史以前からすでに深い文化交流をもち、有史以降も相互交渉はますます盛大になった。

相互交通の二大メインストリートは、ペルシアを基点とする陸の北要路（北支那－中央アジア－ペルシア－地中海地方）と、地中海東岸を基点とする海の南要路（地中海－インド洋－支那海）であり、日本も建国以前すでに北路に連なり、中世室町期には南路に連なった。

2　文明の起源には「都市国家」が存在した。これなしに文明の存続は困難であった。チャイナも、ペルシア、ギリシア・ローマも、文明は「都市国家」とともにはじまった。これは、チャイナの皇帝が、各都市国家（国民＝市民）を統括・所有し、都市国家間の交易を独占支配する商業資本である、という岡田説に、「一歩」だ。

3　日本は、チャイナの交通路につらなることで、文明化し、建国することができた。もちろん、ペルシアの鉄文化に連なることで、チャイナは統一国家（都市国家連合）を果たすことができたからといって、チャイナ文明はペルシア文明の「属州」であることを意味しない。同じように、日本文明がチャイナ文明に連なることが、日本がチャイナの「属州」であることを意味しない。

以上3点、岡田が宮崎史学から継承した要点である。

よく、チャイナ史から、さらには世界史から日本史をみなければ、日本史の要所は見えてこない、といわれる。内藤一統（京都学派）が、そして宮崎が日本史理解に果たした決定的な要石である。

2　中国から見た日本

1　しかしチャイナから見た日本とは、チャイナを「主」・「正」とし、日本を「従」・「副」とすることを意味しない。

宮崎の著作をわたしが最初に読んだのは、中国文明選11の『政治論集』（1971）であった。「文化大革命」という名の毛沢東が仕掛けた権力闘争（1966〜76）の真っ最中で、日本のマスコミも、評論家も、とりわけチャイナ研究者は、ほとんど毛や林彪そして周恩来に批判めいたことをさえ書かなかった。そんな「文革礼賛」ないしは「沈黙」のなかで、『毛沢東語録』をとりあげ、これを「旧時の日本軍隊における歩兵操典や戦陣訓のようなもの」とばっさり切って捨てている。

私感では、この人、こんなことを書いて、ただで済まされるのか、チャイナ研究など可能なのか、と思えた。

2　ところがこの人、日本の歴史に関心があるのだ。全集（24巻）中まるまる2巻が日本史に直接かかわるもので、日本古代史では、「記紀をどう読むか——日本上代史の素描」と「天皇なる呼称の由来について」はとても参考になった。チャイナ史研究者ならではの見識がちりばめられている。

内藤湖南は、日本の歴史は応仁の乱で二分出来る、現在の日本を理解するには、応仁の乱以後の歴史だけで十分だといった。宮崎も、劣らず豪傑である。

「瀬戸内国家の成立」と題して、日本最初の統一は、瀬戸内の内奥に位置する大和を中心として西へ向かって征服していった、と書く。北アフリカ沿岸を含む地中海文明が、地中海の東奥ペルシアから西へ進んでいったのと対比させてだ。

西洋の古代史は地中海沿岸域の歴史からはじまる。日本で最初に人口稠密な集落群が発生すべき土地を求めれば、奈良盆地の他に適地はない。こうまで言い切り、大和政権の瀬戸内海制覇の根源は吉野郡の森林資源であったにちがいない、と推断するのだ。

こういう眼というかセンスも含めて、宮崎の日本史はおもしろく、読みやすく、説得的なのだ。チャイナから、西洋文明から見た、日本文明史だからだ。

3　日本支那学のアキレス腱

1　しかし内藤にも、そして京都（大学）チャイナ史学にも、さらには宮崎にも、抜きがたいアキレス腱があることを知っておく必要がある。宮崎になく、内藤に薄くて、岡田にある要件だ。なにか？

満洲史、モンゴル史の研究であり、とりわけユーラシア大陸の大部分を席巻したモンゴル帝国の、その版図を受け継ぐほどに広大となった清帝国の研究である。

内藤も宮崎も、「漢文化中心」のアジア史理解で、「世界」史とは「東西交通」史にとどまる。モンゴルも満洲も、漢文化に接触してはじめて文明化したという認識が色濃い。もちろんこれは半面の真理を含んでいる。

2　対して、岡田は、モンゴル帝国が最初の「世界帝国」であり、その研究抜きに世界史は誕生しない、という設計図をもつ。この設計によれば、チャイナが世界の中華でないだけでなく、むしろモンゴル帝国の一部に、清帝国の一部になることで、はじめて「世界性」を獲得する契機をうる、という見取り図（パースペクティブ）をもつことができる。

では世界史とは何なのか？「モンゴル帝国」の全貌はわかりつつあるが、世界史はまだ書かれてはいない。これだ。

4　日本紀と古事記批判——山片蟠桃『夢之代』

「歴史」とは書かれたものである。事実や事跡の羅列ではない。著者がいて、著作を命じたものがいて、読者がいる。書かれたものは、創作だが、「虚妄」であっては「歴史」にならない。『日本書紀』（日本紀）や『古事記』の批判を最初に、しかも徹底的におこなったのが、江戸後期の山片蟠桃（1748〜1821）、有名な大坂商人（蟠桃＝番頭）だ。

蟠桃の主著には、現在でも範とすべき、歴史（書かれたもの）をどのように「読解」すべきかのポイント、批判的精神が横溢している。

山片蟠桃『夢之代』や富永仲基『出定後語』は「合理的」精神に満ちた「偶像」破壊の書で（も）ある。ために、蟠桃の著作は刊行を憚られ、仲基は異端として葬り去られた。『夢之代』はおよそ100年後の1916年、はじめて『日本経済叢書』に全文がくわえられる。この書を発見し、推奨したのが内藤湖南であることを銘記したい。

(1) 神代はもとより、文字なき応神以前は「伝説」

『夢之代』神代第三は、冒頭、日本紀と古事記を「虚妄」であると断じる。なぜか？

1　日本紀に「一書に曰く」とあるように、諸伝を引き参照を博くしている。しかしその諸伝に捏造が少なくない。たとえば、旧事紀(くじき)が廐戸太子と馬子らの詔したものというが、後世の偽作だ。なぜか?

「崇峻紀に『馬子宿禰使東漢直駒弑丁天皇』とするす。いかなる賊臣といえども、みずから天皇を弑すと書くべからず。……」

まさにドンピシャリ。日本紀は聖徳太子を釈迦のような超人であると描いているが、蟠桃は、馬子や太子を「天皇」(=大王)殺しと断じる。つまりは、廐戸太子=聖徳太子や蘇我馬子が「虚像」だと指さすのだ。

2　蟠桃はいう。日本に「文字」が伝わったのは、応神以降だ。神代は尭・舜・黄の三皇と同じように伝説であり、応神以前の歴史は「口授伝説」で、虚妄の類いが多い。

古事記の選者である太安万侶は、古語をそのまま用いる。対して日本紀は、編者の舎人親王がイニシャティブをとり、漢の歴史に倣い、主として漢文を用い、神代皇国の古意を失うこと多い。ところが後世の和学者、神道学派は日本紀を金科玉条とし、妄説にふけっている。

3　まさにこの通り。ただし蟠桃の知るところとはなりえなかったが、古事記は、太安万侶編纂ではなく、日本書紀や万葉集を前提してのみ叙述可能な、後世の「偽書」である。純然たる創作(フィクション)(伝奇)であり、それを真実の上古を描くものとして研究した本居宣長『古事記伝』は、むなしい行為であったというべきだろう。

（2）廐戸太子の「実像」

日本紀妄説の最たるものが、日本紀がよったとされる旧事紀である、と蟠桃は断じる。旧事紀は廐戸太子の「捏造」で、捏造の主因は、皇位継承への権力欲にあるという。このくだりは『夢之代』のなかでも特異で異常な光を放っている。

1　廐戸王子は皇位をうかがう野望をもった。ために実力第一の馬子と組んで、実権を握ろうとし、崇峻帝を弑する。旧事紀はそんな太子（と馬子）の謀略の所産である。

2　日本紀によれば、廐戸が弑した崇峻（32代）を継いだのは、崇峻の姉、敏達（30代）の妹で、后にして初の女帝となった推古（33代）である。

その推古（と馬子）が太子（皇位継承者）に推したのが、兄用命（31代）の子廐戸である。廐戸の野望は第一歩を印したが、実権を握った馬子は太子を飾りの地位においた。

3　日本紀は皇祖を女体（天照大神）とする。だが皇統は神武以来男体によって継がれてきた。これが正統で、皇祖（女体）と皇統（男体）は矛盾する。

4　だが欽明（29代）の娘が皇位を継いで女帝推古となった。女帝（女体）は皇統に反する。旧事紀が太子によって捏造された理由だ。（さらに『日本書紀』では、舒明（34代）の后が皇位を継ぎ皇極（35代、のち重祚して37代斉明）となる。）

5　だが推古が長生きする。馬子は実権を分与しない。皇位に就こうという太子の野望は成就せず、馬子と太子のあいだに対立と確執が深まり、機先を制して馬子は太子を毒殺する。何とも大胆な蟠桃の「推理」だ。

蟠桃がとくに反証をあげて詳論するのが、女体＝皇祖に対する疑義で、日本紀が天照大神を皇祖としたことに対し、諸説を引いて反論する。いうまでもないが、「男尊女卑」の説を立てるのではない。

（3）最初の「女帝」は誰か？

蟠桃の説は大胆だ。さらに鋭く、『日本書紀』（編纂）のオーナーで、天智（初代天皇）を継いだ大友（太上大臣＝弘文天皇）を倒して天皇位についた、天武を背景に考えてみよう。

1　欽明（29代）の子が続けて4人皇位につき、それでも「朝廷」は安定しない。対チャイナ（隋）あるいは対朝鮮半島との外交もさらに険しくなる。

とどのつまり蘇我氏から実権を取り戻すために、中大兄皇子が中臣（藤原）鎌足とタッグを組んで、大化の改新（645年乙巳の乱＝蘇我入鹿暗殺のクーデタ）を断行。だが実権をえた中大兄が即位するのは668年で、クーデタで権力闘争に決着はつかなかった。この間、「国」内外に「争乱」が絶えない。

2　この激動の時代、廐戸や中大兄の「活躍」に見るように、一見して華々しいが、ともに「暗殺」（クーデタ）で実権を奪取するという、禍々（まがまが）しい「一寸先が闇」の時代とでもいうべきで、なんとも「とらえどころがない政局」と感じざるをえない。

日本書紀が書かれた「壬申の乱後」（国家建設時代）から、「大化の改新」を挟んだ政局を振り返れば、昭和から明治維新を見るのとよく似ている。

帝国憲法が発布され、国会が開設されてみれば、なるほど維新はたんなるクーデタ＝薩長藩閥政治ではなく、国家改造＝革命だった、と確信できるではないか。

3　日本紀（日本書紀）をいったん離れてみよう。

(1)中大兄は、668年、チャイナ皇帝に対抗して、国号を「日本」とし、初代天皇位についた。「建国」宣言だ。だが建国事業は、天智を継いで即位した大友皇子（＝弘文）を壬申の乱で倒した、大海人（天武）とその妻（持統）の手ではじまる。

ところが皇位を継ぐべき皇子（草壁）が夭折し、天武太后（41代持統）がピンチヒッターに立つ。草壁皇子の息子が即位し文武天皇（42代）となったが、10年で崩じ、文武の子（首皇子）が幼少のため、またまた弥縫策（ピンチヒッター）として草壁皇子の妻が即位して元明天皇（43代）となり、さらに草壁と元明の娘が即位し元正天皇（44代）となった。（この推移、日本紀にある、推古以降の女帝の登場とよくよく似ている。）

673年に天武が即位してから、文武の息子首（おびと）が即位して聖武となる724年まで、ピンチヒッターの女帝が3人も出現した。異常事態だ。

(2)皇極（重祚し斉明）は、日本紀では天皇位を継ぐとされるが、初代天皇は天智だ。

蟠桃よりさらに大胆に読解すれば、日本紀に記述される蘇我稲目、馬子、蝦夷、入鹿の4代、さらには廐戸皇子、推古、中大兄、大化の改新等の事跡は、壬申の乱＝皇位簒奪、建国理念（聖徳太子）、仏教派の勝利、初代女帝（持統以下3人）を正当化する一連のシナリオの下にできあがったというべきだ（ろう）。もちろんシナリオを書かせたのは、天武・持統の「意志」である。想定された最初の「読者」は、チャイナ皇帝や朝鮮半島の政権であり、さらには天武・持統政権下の「臣民」たちだ。

(3)間違いなく思えるのは、蘇我氏が物部氏と同じように、天皇家の直新の「先祖」である。物部系をいったんは打倒した蘇我系が、クーデタ（大化の改新）で後退した。30年後、壬申の大乱で圧倒的な勝利を占めた飛鳥（大海人＝天武）派が、皇統の正統性を確立した（かに見えた）。しかし歴史は「正直」である。女帝3代を中継ぎとして即位した天武の「直系」聖武は、娘の阿倍内親王を皇太子に、そして天皇に即位させた。孝謙天皇、重祚して称徳天皇だ。ところが女帝称徳をもって天武直系の天皇は絶える。770年天智直系の光仁が即位し、次の桓武が平安（京都）遷都を断行する。建国時と同じように、再び、政治、文化、宗教に大変革が起きる。

＊山片蟠桃　1748〜1821　播州（現高砂）の農家に生まれる。13歳大坂に出て叔父の商家を継ぎ、懐徳堂で仲井竹山・履軒に学ぶ。25歳で主家升屋（米の仲買と大名貸し）の経営危機を救い、仙台藩等の財

政改革等に辣腕を振う。54歳で書きはじめた『夢の代』を74歳で完成。「出版」されたのは１９１６年。『夢之代』（岩波書店　日本思想体系43）

第5章

歴史「読本」——日本「外史」

「歴史」とは、文字どおり、「書かれたもの」である。

書かれたものは「読まれるためのもの」である。

読まれるものは「読むに値するもの」であるとともに、「読んでおもしろいもの」であると、さらにいえば、誰もが読める「読みやすいもの（リーダブル）」であれば、ベストである。つまるところ、「常識（コモンセンス）」に基づき、「常識」に訴える歴史をだ。

そんな「贅沢」なものがあるのかといえば、歴史のある国には、必ずある。「国の歴史」であるとともに「国民の歴史」（＝読本）となっている、あるいは、なりうるような「歴史」書（テキスト）である。

その代表例が、江戸後期の頼山陽『日本外史』であり、その１５０年後に現れた渡部昇一『日本の歴史』（全7篇＋読む年表）である。

2著とも「正史」ではない。民間で書かれた歴史、「外史」である。『日本外史』において、著者山陽は、みずからを「外史氏」と記す。現代の外史氏とは渡部昇一のことだと断じたい。

1 渡部昇一『日本の歴史』——外国人にも読ませたき日本通史

(1) 読ませる歴史——歴史好きをうならせる

戦前、といっても昭和期に入ってから、たかだか10数年のことにすぎないが、「鬼畜米英」の歴史に見るように、自国中心主義(エスノセントリズム)(ethnocentrism)の歴史が幅をきかせた。

戦後は、敗戦の結果、日本と日本人の「劣性」を「発見」し「強調」する、自虐症(self-punishment complex)の歴史が長いあいだまかり通った。

「双方」の行き過ぎを是正したのが、小説家の司馬遼太郎であり、評論家の渡部昇一である。えっ、渡部の歴史は「皇国史観」の戦後版ではないか、と反発する人がいるだろう。断じて違う。しかし、渡部のいうように、日本の歴史は「自国中心」であるほかない。なぜか?

1 現在までのところ、世界史はまだない。書かれていない。各国・地域史があるにすぎない。すべて自国中心だ。そうならざるをえない。

2 実際、『史記』や『日本書紀』のように、いまなお「中華」=「自国中心」主義が大手を振っている。

3 一見、中華主義の対極にある「世界史」を装うものがある。世界共産党(コミンテルン)が書いた旧ソ連中心主義の「世界史」で、その典型がソ連科学アカデミー哲学研究所編『世界哲学史』（全11冊　邦訳・1958〜62）だ。「自国」（ソ連）中心を超えた、純正中立・普遍の世界史なぞ、ソ連が世界を征服しなければ、正真正銘の「ソビエト世界連邦国家」が生まれなければ、不可能である、と前提されていた。

4　世界史のなかに日本史を適正に位置づけようとすることと、自国の長所、固有性（アイデンティティ）を摘出し、評価しようとすることとは、矛盾しない。岡田英弘が試みていることと、ようにだ。

渡部が「日本史」の構想を立てたのは、最初、外国で外国人（アメリカの大学生）に日本と日本人のアイデンティティを説明し、理解してもらうためだった、と記している。世界の人びとに、もちろん日本人にも、読んで理解してもらうためには、読みやすいものでなければならないという抱負のもとにだ。

1973年、『日本史から見た日本人・古代編――「日本らしさ」の源流』が書き下ろされた。すかさず、この書は「世界史から見た日本史から見た日本人」論であり、「世界史の細部をめぐっての、広く深い洞察力があってこそ、日本の特色が、その正味のところが」はっきりとつかまえることができたのだ、と谷沢永一が明記する（同書「解説」）。至言だ。

（2）皇統の歴史が日本の歴史のアイデンティティ（Identity）

1　渡部と岡田の、歴史に関する「大局観」は同じだ

「エッ、そんな！」と思うなかれ。
(1)歴史とは書かれたもの、考古学等は補助材料、
(2)歴史は自国中心（渡部は岡田の論文「邪馬台国は中国の一部だった」（１９７０）を引用し、自説の論拠としている。）、
(3)日本には『日本書紀』を嚆矢とする優れた歴史があり、その根本（Identity）は皇室伝統＝皇統史である。
(4)日本の皇統史は、モデルとしたチャイナの王朝史とは異なり、8世紀の半ば以降、天皇は「君臨すれども支配せず」で、権力の実体は、公家（藤原氏）に、12世紀末からは武家に、19世紀後半に、はじめて「開国」し、帝国憲法制定と国会開設をもって、「民主」制に移った。

2　だが渡部と岡田にははっきりした違いもある

(1)岡田が、日本の「建国」は7世紀後半とし、最初の天皇は天智で、例えば聖徳太子を実在しないとする。対して、渡部は記紀の記述を「頭から否定する」のは間違いだとする。
(2)岡田は「万世一系」を「架空」とする。渡部は、「神武以来一系」であるとする。
(3)岡田に「通史」はない。日本史の政治・経済・文化の諸特徴を個別事例をテーマに述べることは少ない。したがって歴史の具体記述とりわけ活躍した人物をいきいきと描写することは稀だ。
(4)渡部は、日本宗教の基本特長を「祖先崇拝」とし、西欧デモクラシィが「空間的平等」を基調とするのに対し、「時間的平等」（死ねば神仏になる）であるとする。したがって、日本に入っ

てきた宗教は、儒教、仏教、キリスト教を問わず、死ねば神・仏になるというように、「日本教」化されるとする。

(3) 上代における「日本らしさ」は「和歌の前の平等」に表現される

渡部の、類書に見られない特長は、「歴史」(書かれたもの)に対するいきいきとした感応力である。歴史トピックを(世界各地のトピックスと比較しながら)、とりわけ傑出した人物を抽出、活写する表現力だ。そのめざましい感応・表現力の一端。

1 「和歌の前の平等」

『万葉集』や『日本書紀』、『古今集』以降の勅撰集に収録された歌の作者は、上は天皇から下は「読み人知らず」までを含む。まさしく「和歌の前の平等」だ。なぜ、これが日本歴史の特徴なのか?

ある国民の特徴を見るとき、「なんの前において万人は平等と考えているか」を、比較参照すべきだ。

ユダヤ・キリスト教は「神の前において平等」、

ローマ(人)は「法の前において平等」だ。

対して、日本人は「和歌の前において平等」である。しかもこの特長は、たんに古代人においてだけでなく、現在でも新年に皇居で催されるお歌始めにまで続いている。つまり、記紀万葉からはじまる日本民族共通の記憶（共同の無意識）となっているのだ。

2　個人（英雄）の活躍

渡部は、実質的な権力者、商家（経済人）、軍人、文化人等を随時登場させ、その時代をビビッドに描く。これは小説家がよくするところだが、評論的記述において成功している。じつに読ませる。その実例を2つだけ示そう。

(1)なぜ日露戦争で圧倒的に劣勢と思われていた戦いに圧勝できたか？　組織力や精神力だけでは、不可能だった。

渡部は、軍事技術力をとりあげ、バルチック艦隊を撃破した新型爆弾「下瀬火薬」（焼夷弾の一種）、世界最強のコサック騎兵を敗走させた機関銃、の威力を詳述する。このくだり、まさに圧巻だ。（⑤明治篇）

(2)「『主権在民』を確立した北条泰時」という見出しで、天皇さらには将軍の即・廃位を、一陪臣の北条氏が決めるというくだりも秀逸だ。

ここに「国体」の変化が生じた。同時に、北条氏（平氏）は、天皇や将軍になろうとはしない。「支配すれども君臨せず」という「天皇」の「臣民」の「礼」を守っている。すなわち、ここで国体は一大変化するが、根本では変化しない。この事歴を泰時の個人史と絡めて巧みに叙述する。

（4）日本と日本人の誇りの発見

渡部は、歴史は自国中心史である、と述べる。だが、チャイナ史や朝鮮史に見られるような、ときに偏頗、独善な日本史に見られるような、自国中心主義に陥る弊を免れている。なぜか？ 日本と日本人の「誇り」を発見することに意を用いているからだ。しかし「誇り」はときに「誇大」や「妄想」に、「自尊」はときに「自慢」や「増長」に移行する。

『日本の歴史』③戦国篇の総題は「戦乱と文化の興隆」である。主役は、信長ではなく秀吉であり、「戦乱」のもとで「平定」の端緒を切り開いたのが小田原の北条早雲である、というのが、渡部の見立て（セレクト）である。

司馬遼太郎『新史太閤記』がすばらしいのは、なによりも秀吉がすばらしいからだ。

秀吉は、世界に余人とてない「人間通」の達人である。同時に、つねに危険を顧みなかった武人＝武略の人だ。だがその物語は、秀吉が天下を平定したところでぷつんと終わる。その後の15年、「秀吉」なきがごときだ。これを凝縮していえば、作者司馬は、秀吉が天下を取り、朝鮮討伐に乗り出した事業を「侵略」戦争であり、あってはならない事跡、と見立てるのだ。

渡部は、朝鮮出兵、明討伐をめざした秀吉最後の戦い「朝鮮の役」を、「大東亜共栄圏」をめざす戦いとしてとらえる。もちろん諸手を挙げてこの「侵略」を讃えているのではない。不備と欠陥（とくに水軍の不備）に満ちた事歴に、日米開戦＝大東亜戦争（⑥昭和篇で詳論）の不備や欠陥を重ねて、叙述するのだ。

歴史は書かないことで、「黙殺」「無視」することができる。同時に、書かないことで「黙認」「看過」する結果にもなる。信長を引き継いで「天下布武」をなし遂げた秀吉は、信長のプランにはあったものの、成就できなかった事業をつぎつぎとなしとげた。同時に、引き継ぐ必要もない事業に乗り出し、「〝殺生〟関白」となり、その惨めな最期を迎えた。渡部はこの事歴を秀吉の事業にとって残念なこととして書く。最後のくだりだ。

《豊臣家の滅亡を私は残念に思っていた。……小学六年生の時の作文に「秀吉論」を書いたのであったが、その結論はいまでも覚えている。「豊臣家なら鎖国をしなかったであろうから大東亜戦争は不要であっただろう」という主旨であった。それは昭和十七年のことであったが、それから七十年ほどの時間が経つ。その間に読んだ本も多く、考えたことも多いが、いまでも私はそう思っている。》（③戦国篇）

戦後教育で育ったものに最も欠けるのは、自国の歴史に対する「誇り」（ときには厳しい自己批判も含む）である。「歴史小僧」とでも呼んでいい渡部の、70年経っても忘れえない、過去に対する熱い想いは貴重だ。

＊渡部昇一　１９３０・10・15～２０１７・４・17　山形は鶴岡生まれ。49年旧制鶴岡高卒、53年上智大

（英文）卒、同大学院、55年同校助手、ドイツ留学、58年ミュンスター大博士号、60年上智大講師（助教授・教授）。

『英文法史』（１９６５）『日本人から見た日本史』（アイデンティティの日本史　１９７３）を初編とし、『日本の歴史』（全８篇　２０１０～11）、一冊本で『決定版・日本史』（２０１１）がある。英国史、英文法史を専攻し、大読書人で、優れたエッセイストでもあり、『知的生活の方法』（１９７６）他のベストセラーがある。読書遍歴の総括とでもいうべき大冊に『渡部昇一　青春の読書』（２０１５）も見逃せない。

2　渡部以前

渡部昇一以前に、3書の日本通史をとりあげ、紹介しよう。どれもまっすぐ渡部『日本の歴史』につながる。まず、「偏見」を捨て、「前評判」を疑ってみよう。しかし「偏見」は「先見」である。「前評判」なしに「評価」するのは難しい。この困難をどう突破できるか？　わたしもいつも悩ませられる。

(1) 平泉澄『物語日本史』――皇国史観による通史か？

1　いわゆる「皇国史観」ではない

平泉澄（1895～1984）は、戦後、「皇国史観」の親玉といわれてきた。本当か？

平泉「国史学の精髄」（1927）や「歴史の本質に就いて」（1935）を要約すれば、

1. 歴史は高き精神の所産＝自覚である。
2. 歴史は変化するが、望ましいのは、革命＝破壊と断絶でなく、絶えざる発展向上である。
3. 歴史を根本で動かすのは人為を超えた必然の意志、「神意」である。
4. 歴史は、天照大神が建国のとき発した「神勅」（皇統と三種の神器）を自覚することで、なんども「復活」する。

5.この神勅の意志が建武の中興や明治維新で「復活」した。こういう歴史の本質をもった国（＝国体）は、他のどこでもない、日本を典型とする。

これをもって「皇国史観」というとしたら、あまりに芸がないのではないだろうか。

3.の歴史は「神意」によって動くというのは、なにも日本の歴史（『日本書紀』）にかぎらない。ヘロドトス『ヒストリアイ』も司馬遷『史記』も、「神託」や「天命」で歴史が動くとする。

1.も問題ない。歴史とは、人為だ。書かれたもの、「自覚と自己表現」である他ない。

2.は日本の歴史が変化と向上であって、革命と破壊ではない、というのは、一見、正しいように思われる。しかし日本史にも、革命が、破壊と創造があった。たとえば壬申の乱、たとえば応仁の乱、たとえば、明治維新である。正確にいえば、革命とは創造的破壊であり、「断絶と連続」の過程である。

4.歴史の変化は、おうおうにして「復古（ルネサンス）」の形を取る。

5.ただし「復古」の典型に2つある。建武の中興は旧制復活で「反動」（死滅）に終わった。明治維新は近代（産業資本制と民主制）を呼びこんだ。たんなる王政復古ではない。革命（革新）だ。

平泉の主張する日本史の特質（Identity）は、「万世一系の皇統」と「天皇親政」いうことになる。平泉は自分の歴史観を「皇国史観」といわないが、これをもって「皇国史観」の本質といってもいいだろう。

2　『物語日本史』はいわゆる「皇国史観」だが……

平泉は戦後になって『物語日本史』（1970）という「純真な少年に呼び掛ける形」の通史を書いた。神代から「74　大東亜戦争」までの通史で、「16　平城京」まではほぼ『日本書紀』の「ピック・アップ」解説だ。

日本は建国（神武）以前、悠久の昔から存在した独立国で、朝鮮半島にも拠点をもち、百済滅亡の時には義により援軍を送ったほどの強国だった。ところが蘇我氏をはじめとする外国拝跪派と皇室を中心とする自立派の対立が生じ、蘇我氏の専横を抑えるため、大化の改新があった。ゆえに、外国遠征した神功(じんぐう)皇后、内政と外交に敏腕を振るった聖徳太子、大化の改新を断行した天智天皇が特筆大書される。

1. だがそうなると、『日本書紀』の編纂を命じたのが天武天皇であり、天武・持統が天智の後継者を打ち破って新都建設へ向かう途次(プロセス)が「ぼんやり」する。

2. 反面、藤原政権の末期、藤原頼長が暗躍したり、白河・鳥羽・後白河から、さらには後鳥羽へと続く宮廷政治の混乱を、むしろ特記・評価し、建武の中興や南朝「正統」に多くの記述を割いて高評することになる。まさに皇国史観だ。

3. だが日本の皇統の特質は、「一部の時期」を除いて、「君臨すれども支配せず」で、天皇は国家と国民統合の象徴であったからこそ、「永続」出来たのだという事実を無視することになる。

さらには応仁の乱以降、日本は分裂し、争乱し、それを統一（「ただし天皇を奉じて」という一句が入る）しようとしたのが、信長、秀吉、家康であったなどのくだりは簡潔だが、よく筆が走っている。そう、山岡荘八『徳川家康』のダイジェスト版を読むがごときだ。

4. ただし私感だが、天皇や公家が政治の表舞台に出てこないときのほうが、簡潔でいきいきと筆が動き、万世一系の皇統と天皇親政が日本歴史の特質であるとする「皇国史観」が顔を出すとき、直くかつ強く訴える力が殺がれるのである。おもしろいものだ。

＊平泉澄(きよし) 1895・2・15〜1984・2・18 福井勝山生まれ、大野中、旧制4高を経て、19年東大・国史科卒。中世史研究家で、30〜31年仏留学。35（〜45）年東大教授。38年満洲建国大創設に参画。46年白山神社宮司。48〜52年公職追放。『平泉博士史論抄』（1998）

（2）徳富蘇峰『近世日本国民史』――全100巻は長すぎる?!

平泉澄はその史観を変えずに戦後を生きた稀な一人だった。

その平泉の戦後の仕事（業績）に数えられるべきは、『解説近世日本国民史』（時事通信社1963）であり、徳富蘇峰『近代日本国民史』（全100巻）の講談社文庫版「監修」であり、

「解説」・「要約」（全10巻）である。

1　明治維新の先駆は信長

司馬遼太郎は膨大な量の時代小説を書いた。ほとんどは戦国・幕初史と幕末・維新史である。その「範囲」は蘇峰の国民史とぴったり重なる。

蘇峰は、「明治天皇紀」を維新史を中心において書こうとして、信長から稿を起こした。「とりあえず」（＝偶然）からか。そうではない。蘇峰自身が記すように、

信長こそ、明治維新の先駆けというべき英雄なのだ。信長は一大破壊者で、藤原門閥、源平武閥、南都北嶺宗教閥を破壊した。だが一大建設者でもある。開国日本の端緒を開き、日本統一の燭光をもたらし、政治に皇室中心主義の基本を取り戻した。しかも信長は実力主義（破壊と建設＝競争こそが進歩の母）であるとする。

明治維新の先駆は、「建武の中興」ではなく、信長だ、と主張するがごとくにである。

2　国民の英雄伝

蘇峰は国民史を「英雄」伝とみなす。「庶民」を無視するのか。ちがう。

国民史とは国民の自覚史（自画像）であり、国民の伝記である。伝記は個人の歴史であり、「歴史は偉人の連続」（カーライル）であるが、その意味は、英雄の前後には無名の英雄の「錯綜

した運動」（無意識）がある、ということだ。英雄は時代の子であり、時代の父である。この意味で、歴史は英雄が創る、というのだ。

蘇峰の『近世日本国民史』が長く生き残ると思えるのは、有名・無名の「英雄」たちを歴史のなかから「発見」し、彼らにさまざまな「光」を与えたからだ。司馬遼太郎も同じことをした。

3　１００巻は長すぎる⁉

近世国民史が、30年余、全１００巻を費やしながら、ようやくたどり着いたのが維新三傑の死（１８７７）であった。近世「通史」とはいえあまりに長すぎる。

1. 詳しすぎたのか。あえて、そんなことはない、といってみたい。

「織田史時代」は3巻だから、司馬『国盗り物語』と量的に変わらない。根本因は「史料そのものに語らせる」という手法を採ったからだ。「資料収集」に心血が注がれたのだ。

2. 同時に、多くの人が評するように、長くなりすぎた。博引旁証、精細を極めた叙述というだけではない。記述が行きつ戻りつし、推敲もなく、文体の統一にも欠き、最後の3巻は口述筆記である。その上、高齢にすぎての擱筆（かくひつ）（ペンを置く）だ。

3. 蘇峰の「声価」は、１９４５年をはさんで、一変する。戦後は「時局便乗者」とされ、「亡国の元凶」とののしられた。その仕事の多くは、初期のものを除いて、抹殺ないしは黙殺されるの感があった。

しかし、この大冊、よくよく「参照」（多くは無断引照）されてきた、という事実を忘れてはならない。なぜか。

豊富な「史料」と「索引」のゆえである。ただし多くは参照、引証したことに「口をぬぐって」である。そんな「所業」は、歴史研究者の面汚しに違いない。

4. それでもやはり長すぎる。１００巻だ。眺めるだけで胸が詰まる。一読するのさえ大変。「通史」としてではなく、一種の「事典」として利用するのなら「便利」だが、それでは惜しい。縮尺版、超要約版が必要な理由だ。

ただし超縮尺版とでも呼んでいい「通史」がある。つとに蘇峰『近世日本国民史』をその「正価」で評価し、推奨してきた渡部昇一の『日本の歴史』だ。

＊徳富蘇峰（１８６３・３・14〜１９５７・11・２）　熊本藩郷士の家に生まれ、早熟を恣（ほしいまま）にする。熊本洋学校、東京英語学校、同志社をことごとく中退。ジャーナリストをめざすが、ならず、81年いったん帰郷。処女作『第十九世紀日本の青年及其教育』（１８８５）、『将来之日本』（１８８６）が、蘇峰の立志の道を切り開く。

史書として『吉田松陰』（１８９３）、『源頼朝』（１９５３／54）、『三代人物史』（１９７１）をあげるにとどめる。評伝に、安藤英男『蘇峰 徳富猪一郎』（１９８４）。

（3）竹越与三郎『二千五百年史』——皇国史観にあらず

1　維新後（アプレ・ゲール）の通史

『二千五百年史』は記紀・正史によりながら、いわゆる「皇国史観」の二大要素、天孫降臨説と南朝正閏（じゅん）論に立たない、ユニークな日本通史で、発刊以来多くの読者を獲得した。

1.　歴史を動かすのは「生存闘争」である。対立は内と外から生じ、闘争によって解決されるという進化論＝進歩史観にたって、歴史の転換をダイナミックに描こうとする。

この通史のおもしろさは、登場する歴史上の英雄が、たとえ聖徳太子であれ、致命的な欠点をもち、したがって歴史の舞台に登場し消えてゆくという、生きた人間像を提示する。

その叙述は、１９４５年以降に成長した読者には読みにくいかもしれないが、１８６８年以降のアプレゲール、福沢諭吉や徳富蘇峰と共通する大衆性をもつといっていい。

2.　この人、出入りが激しい。はじめ中村正直（スマイルズ『自助論』訳出）の門をたたき、慶應義塾に学び、福沢の『時事新報』に入ったが、飛び出し、キリスト教に入信するなど転々とし、蘇峰の『国民新聞社』に入り、『新日本史』（１８９１）を書いた。25歳時のこの書は、政治史に偏しない経済や宗教を編み込んだ、初の総合的な「現代」史で、明治維新を国家・国民の危機を突破する「乱世的革命」と位置づけ、「王政復古」論や「藩閥政治」論と自己区別した。

明らかに、近代日本の礎石ができあがった憲法発布と国会開設後の国民意識を代表する作品である。

3. 代表作『二千五百年史』（1896）は、太古史から明治維新までの通史である。太古史も、古代史も、記紀にとらわれないが、記紀の叙述を現代的に読み込もうとする、比較文明論の視点を取り入れた、モダーンで新鮮かつクールな叙述展開である。数多くの読者を獲得した理由だ。

4. 竹越は、のちに政党政治に加わり、国会議員から枢密顧問官になり、「北進論」を批判し、「南進論」を是として、「東亜新秩序」の樹立を「世界維新」の魁（さきがけ）と位置づけた。敗戦後は公職追放となるが、『新日本史』と『二千五百年史』は、その在野精神において、福沢諭吉や徳富蘇峰を抜く、時代の富（産物）を内蔵していることを忘れてはならないだろう。

2 日本文明の源流はシナではない?!

『二千五百年史』は開口一番、天臨皇孫説を吹き飛ばす。約言しよう。

1. 日本は海国人種である。ただの海人ではない。地中海（フェニキア）文明がインドに達し、合流して、さらにコーチ（インドシナ）、フィリピンをへて、神武紀の数百年前に日本に達したのだ。

日本人種（天照大神の子孫＝大和朝廷）の起源は、欧亜大陸の優秀な（外来）二人種であり、土着で蒙古人種の首魁・大国主命（出雲朝廷）を破って建国をはたす。同時に神武は大国主の孫姫を妃とし、土着と混血した。

2. 神武が開いた日本＝大和は、隘狭の一地方で、まわりは「豊葦原」の名のごとく、茅葦が茫々と四囲を掩い、森林が欝々と数百キロにわたっており、孤立状態で、他族とほとんど交通・対立がなかった。

ために国初から400年、シナでは秦の始皇帝の統一等があり、欧州ではローマ共和国の出現等があるというのに、日本の朝廷は「暗黒のなかに葬り去られていた。」

3. だがしだいに他族との交通がはじまる。対立が内と外にうまれる。

神武以来700年余、平和だったのは、大和が狭小で、青山四方をめぐり、周囲との交通も敵国外患もなく、自家を刺激して発達する要素をもたなかったからだ。

辺境の民との交通と抗争がはじまる。崇神の世となってはじめて武備が整い、敗者を奴隷（奴卑）として収税（収奪）可能になる。この大和朝廷の発達は、同時に皇位継承をめぐる内部対立を生み、皇統断絶の危機がなんども訪れる。（皇統断絶の危機は、とりわけ仁徳から雄略にいたるまで、「閨房の過失」をともなっていた。）

4. 特記すべきは、大和朝廷の発達をうながした重大要素だ。

半島を渡ってきた優秀な農耕民族が奥羽、北陸、九州にあった。彼らと大和朝廷が直接に交通したのは、崇神から垂仁のころで、大和族は農耕をとりいれ、「百姓豊富」となる。これは外国文明の賜物だが、同時に、皇室内に韓人の血が入った。

しかし皇位といい、都の生活といっても、羨むことはない。このころなんども「遷都」しているが、朝廷の規模狭小で、遷都が容易だったにすぎない。万事に小規模、質素であった。

5. 他族を征服するとは、同時に他族を吸収することでもある。大和朝廷が強大になるにしたがい、武権を担う（もともとは皇族ではない）武内族（たけのうち）や大伴族も強化される。皇族には統治権があるだけで、先に武内族、ついで大伴族が武権を握り、ついで物部族がとってかわる。これに先進文明（儒学と仏教）崇拝＝開明派の蘇我氏が加わる。

蘇我馬子は廐戸皇子とタッグを組んで、旧守派の物部守屋と彼が推す天皇や皇子を倒し、政治を壟断する。聖徳太子の欠陥は、政治の組織図を創ったが、馬子や蝦夷の専断を抑えることができなかった優柔不断にある。

蘇我の専横を打破したのが、中大兄と中臣鎌足で、大化の改新を断行した。その力能は聖徳太子を上回る。かくして日本の真の「建国」＝天皇を頂点とする統一国家建設が開始される。しかし中大兄皇子＝天智（後継の弘文）政権には内外の危機を正確に判断し突破する力が弱く、大海人＝天武にとってかわられた。（日本書紀と天武・持統の特殊な位置・意味づけがない、残念！）

3　北朝正統論を展開

1. 明治維新（＝王政復古）後、皇統譜で最大の問題は、後醍醐が立てた「南朝」を正統としたことだ。したがって、いったんは後醍醐の勅にしたがって鎌倉＝北条政権を倒し、建武新政の功一等に推された足利高氏が、反旗を翻したので、賊軍とされ、新田義貞、楠木正成が義軍とされた。ところが、「賊軍」が勝利した。（もっとも高氏も、院宣をえ、さらに光明天皇を立て、自軍を「官軍」とし、勝利の道を開き、征夷大将軍を宣下され、幕府を開いたのだった。）

これは、徳川が系図上、清和源氏新田氏の支流得川氏の末裔としたことと関係する。徳川将軍家にとって、同じ河内源氏（嫡流）から出た一方の新田義貞が尊皇・義臣で、もう一方の足利高氏が賊臣でなければならなかった。この新田義臣、足利賊臣の構図をもっとも端的に表現したのが、次節の頼山陽『日本外史』だ。

2. 竹越は、南朝正統論に真正面から挑む。

北条の滅亡は、高時のとき、寡欲失せ、驕奢流弊を極め、天下に立つ力を根本から失せたことによる。このとき稀有の才能ある帝が生まれた。後醍醐で、声望高まり、人心ようやく皇室に向かった。だが、後醍醐はすぐに廉子を寵愛し、「准后」にし、内に外に争乱の糸口を与えた。

後醍醐「王政」を敷くも、ただちに、王朝党・武士党の反目あいつぎ、人心王政から離れる。反目の頂点に立ったのが、後醍醐と高氏＝尊氏、足利と新田である。高氏、いったん、鎌倉でも、京都でも敗れ、九州へ逃れるが、最後的に勝利する。なぜか？

朝廷の腐敗と政治無能によって、武士党が実力で人心を勝ち取り、尊氏が朝廷の権威と位をことごとく手中に収めたことによる。

ただし、後醍醐の敗北は後醍醐のせいだけではない。いかに慧眼明智でも、「貴族的王政が天外より来たって大和付近にその根を扶植した」だけであって、全国化すること適わず、「国民固有の武断的民主思想」が、「時代の精神」となったがためである。

主観的にも客観的にも、王政復古は後醍醐とそのまわりをとらえただけで、夢想に終わった、と竹越は断じるわけだ。ここで、北朝正統論と明治維新論は表裏一体だということが判明する。

明治「維新」とは「王政復古」でもなければ、「藩閥政治」にその本体があるのではない。「乱世的革命」＝「国民固有の武断的民主革命」だというわけだ。

「乱世的革命」はそれ以外を許さない「時代精神」（ヘーゲル）だというのは、明解かつ痛快だが、こういう「通史」もあった、歴史作者もいた、多くの読者を獲得したのだ、という驚きのほうが勝る。

＊竹越与三郎　１８６５・10・５〜１９５０・１・12　武蔵（埼玉）本庄生まれ、新潟中頸城（なかくびき）で育つ。81年慶應義塾に入り、「時事新報」の記者になるも、84年退社。紆余曲折あって、90年創刊した徳富蘇峰の「国民新聞社」で健筆を振るう。90年代後半政府に入り、１９０２年衆議院議員、22年貴族院議員、40年枢密顧問官。47年公職追放　『新日本史』（１８９１　明治文学全集77）、『二千五百年史』（１８９６）、『日本経済史』（全8巻　１９１９／２０）。

3 頼山陽『日本外史』——英雄伝

『日本外史』を一読すると、時代ははるかにさかのぼるが、プルタルコスの『英雄伝』をすぐに思い起こしてしまう。ともに大小の英雄伝である。圧巻は、山陽では家康であり、プルタルコスではカエサルだ。一瞬、山陽は、プルタルコスに自分を擬したのでは、という錯覚が生じる。もちろんそれはない。山陽のモデルは司馬遷『史記』であり、日本伝来の歴史書、時代小説等々だ。哲学者プルタルコスの英雄伝が、シェークスピアをはじめとする作家の文芸復興(ルネサンス)に大きな影響を与えた。山陽の『日本外史』一編も、明治維新・王政復古(ルネサンス)に決定的な影響を与えたといわれる。はたしてそうか？　これも考察してみたい。

(1) 構成の巧みさとぶれない史観

著述の目的は、「例言」が明示するように、将軍家の興廃を記すことにある。同時に、万世一系の皇統を日本の国体とする皇国史観に立って、武門の興廃を大義名分(ジャスティファイ)することだ。

1 「正記」(「将軍」の事跡)がある。①源(2巻)—②新田(1巻)—③足利(3巻)—④徳川(5巻)。

一見して異様だ。新田は将軍職をえて「大政」を司っていない。しかし皇室尊崇を大義とする史観を貫こうとすれば、「朝敵」足利尊氏を外し、まずは新田義貞を立てなければならない。

2「正記」の前に「前記」がある。源氏における平氏、新田氏における楠氏、徳川氏における織田氏（2巻）、豊臣氏（2巻）だ。ここでも足利氏に「前記」はない。

3「後記」がある。源氏における北条氏、足利氏における後北条氏（小田原）、武田氏・上杉氏、毛利氏だ。

特記すべきは、北条（早雲にはじまる5世90年）の経営である。戦国大名の嚆矢であるだけでなく、善政（とくに4公6民）を敷き、関八州に覇をとなえた領国大名の典型とされる。しかも、早くは平氏や源氏、それに遅れて徳川が、関東から奥羽まで広がっていく地政学的特徴を利して、事業を深くかつ遠大に展開することを可能にした政治センスを高く評価している点だ。

4「平氏は桓武天皇より出ず。」というように、「記」はかならず出自からはじまる。出自は、皇室がそうであるように、山陽の皇国史観にとって最重要のものだ（らしい）。（ちなみに「頼」の出自は、「橘」ということだが、不詳。）

源氏は清和天皇、北条は平貞盛、楠は本姓が橘で敏達天皇、新田は源義家、足利も源義家、後北条は旧伊勢氏で平維衡（これひら）、武田は源義光・上杉は旧長尾氏で平良文、毛利は大江広元、織田は平重盛、豊臣は日輪（の子で日吉）、徳川は新田義重とある。秀吉を除いて、源流は天皇、中流は源義家・平貞盛のいずれか。

楠、後北条、毛利、それに織田、豊臣、徳川の出自はそのほとんどが創作（フィクション）だとする。（秀吉は天皇の落胤という説を立てる。）
5 「記」は多く「序論」からはじまり、「論讃」で終わる。「外史」（作者山陽）の「前説」であり「評言」である。『史記』に倣ってだ。

山陽は、「承久の変」で後鳥羽をはじめとする三帝を島流しにした北条泰時、後醍醐天皇の信を裏切って王政復古を頓挫させた足利尊氏、さらには皇位を簒奪しようとした足利義満を、ありうべからざる「逆臣」と断じる。

「保平（保元平治）以来の乱をもってして、頼朝のごときあり、泰時のごときあらざれば、すなわち六十州の民、いずくにか底止する（＊行き着くところまでいって停まる）ところあらん。これを詳らかにせずして、ひとり皇威の衰、武臣の専を称するは誤れり。」と述べる北畠親房（『神皇正統記』）の「意」を悲しむが、山陽は断固、後鳥羽や後醍醐の「立起」を擁護。

山陽の皇国史観は、天皇が文武一途から大権（兵馬糧食の権）を手放し、さらに大政を委ねたことに、皇威衰退の因があるとする。同時にこの行程はやむをえざる推移で、問題は、皇統を保持し、皇室を尊崇する為政者でありうるかどうか、が大義名分論の要であるとする。「正記」に立てられる、源氏、新田、徳川を評価する理由だ。

（2）叙述の巧みさと平明さ

23歳で起稿し、20代の後半に脱稿なったとされる『日本外史』は、1832年（53歳）没後に刊行された。それが幕末から引き続き1945年敗戦まで、数多くの読者を招き寄せ、いわば日本史の「テキスト」として愛用された。一人歩きした部分も数え切れない。

多くの愛読者をえた理由を挙げてみよう。

1　叙述が巧みである。じつに印象深い。（ただしそれが一つの欠陥ともなる。漢文体の調子の良さに惑わされて、内容追求・精査が空に留まるからだ。）

『日本外史』は、文人で詩人の新井白石の『読史余論』としばしば比較される。だが、いっそう巧みだ。「声に出して読みたい」、出来れば「暗記」したい文章というものがある。山陽のだ。一つ拾ってみよう（ただし書き下し文）。

《四年正月、輝虎（謙信）騎卒十一万を率い、来たつて小田原を攻む。氏康、議して曰く。「輝虎剽悍（ひょうかん）にして前なし。しかれども知慮短捉（たんそく）にして、久しきを持する能わず。かつ威力をもつて諸将を劫（おびやか）す。諸将必ず服せざる者あらん。吾れ厚く我が兵を集め、与（とも）に力を抗せず、その猖獗（しょうけつ）を縦（ほしいまま）にせしめ、坐（い）ながらその変を待たば、我が兵を損せずして、彼将に自ら潰えんとす。是れ兵法に謂うところの、その鋭気を避け、その惰帰を撃ち、戦わずして人の兵を屈する者なり」と。》

叙述の巧みさは、歴史エピソードの卓越さにある。木曽義仲が敗走する時、豪長刀の巴御前をさとす場面。我が子をかばうあまり、大将の職務を放棄し、壇ノ浦で大敗を喫しても自死出来ず、海に飛び込んでも泳いでしまい、あげく熊手で引き上げられ、捕縛される平宗盛の胆力のなさ、等々、まさにエピソード満載なのだ。

「歴史」はエピソードで出来ているというのは言い過ぎだが、たくさんの史料のなかから、縦横にエピソードを抜き出してちりばめる創作能力に目を瞠らされるのは、わたしだけではあるまい。

2　叙述方法に、大いなる工夫がある。

「記」ごとに、話者が変わる。源氏では、源氏が「我（われ）」である。つまり、同じ信長でも、織田記と豊臣記と徳川記では、立ち位置も、役割も、評価軸も異なるのだ。当然ストーリに異同が生じる。

歴史に皇国史観という評価軸を頑固に通そうとする山陽だが、一人の英雄を多面的に論じる方法を案出したといっていい。まさに多義的な読み方を許す小説スタイルである。

司馬遼太郎には、戦国期と幕末期を中心とした作品群が圧倒的に多い。司馬の場合、私見だが、戦国期は信長、幕末期は龍馬を中心に書いているように思える。信長は、『梟の城』『国盗り物語』『新史太閤記』『夏草の賦』『播磨灘物語』『尻啖え孫市』等々に登場するが、その作品ごとに信長像が異なるのだ。エピソードが、ストーリで演じる立ち位置＝役割が異なるからだが、信長の全体像は、戦国期のはじめから徳川前期まで、さらには幕末から日本近代まで貫く英雄像の「集約」に思えてならない。

3　歴史に「正史」を求めると……。

日本は、建国以来、皇統を保ってきた。この点、チャイナの歴史とは異なる。「正史」とは、チャイナでそうであるように、「勝者の歴史」である。前政権、前王朝を否定し、現政権、現王朝を正当・正統化する。この意味でいえば、日本の武門の歴史（「外史」）は、チャイナの王朝史と同じように、覇道の歴史だ。武門の「正記」は、やはり武門の棟梁、将軍家（源氏→足利氏→徳川氏）の歴史として書かれなければ、一貫しない。その「補記」として、平氏が、鎌倉幕府を差配した北条氏、応仁の乱後に分国制を敷いて台頭した、島津、毛利、長宗我部、北条、武田、上杉等、があり、織田、豊臣があるという具合に展開されるべきだった。

日本の政治史は、二元論あるいは三元論であったが、これを一元論に収めようとすると、無理が生じる。山陽は無理を承知で困難をあえてした、といわなければならない。

日本の政治の歴史は、皇室伝統が守られ、朝廷が存在し、武門が体制を敷き、紆余曲折があって、明治維新で「天皇＋民主制」へと転換した。明治以降の政治基本形は、１９４５年の第二次世界戦後も変わっていない。

4　天皇が政権を失ったのは、藤原氏に政権が移った、聖武天皇記にはじまる。

たしかに何度か「親政」の試みがなされた。だが、多くは混乱と失敗を招く。その極が白河、鳥羽、後白河による院政で、結局、政治の実権は平氏に、そして源氏に移った。さらに、後鳥羽＝「承久の変」、後醍醐＝「建武の中興」が、結果、皇統断絶の危機を招く。

実質的な「王政復古」はありえない。これが北畠親房の『神皇正統記』の嘆意であり、よりいっそう山陽の感意たらざるをえなかった。

平氏「序論」でいわれる。

天皇の大権が武門に移ったのは、（平安末期の）鳥羽天皇の時代ではなく、第一段として藤原氏に政権が移り、第二段に、光仁・桓武（平安遷都）の時代に辺境で兵乱が頻発し、朝廷（藤原氏）はその討伐を源平二氏が率いる地方の豪（武）士に任せた結果、源平が軍事権を完全に裁量し、藤原氏を政権から蹴落とした。これが山陽の認識だ。

これを裏面から見れば、天皇が政権・軍事権を掌握行使していた時期は、むしろ「異例」である。天皇の原理（Identity）は、政治と軍事に直接タッチすることのない、国家と臣民の統合のシンボル（紐帯）であるということになる。「象徴天皇」（「君臨すれど統治せず」）だろう。

（3）尊皇攘夷論か？

山陽の『日本外史』ならびに『日本政記』『日本楽府』は、幕末の志士たちに愛読され、「尊皇攘夷」のバイブルだった、という意見がある。強くある。

ただし「攘夷」とは、攘夷を断行しない幕府批判であり、断行出来ない幕府打倒（＝「討幕」）を意味した。山陽はどうか。

1　「討幕」然り、である。

山陽は、天皇親政を日本の正史の根幹におくべきだとする。どんなに問題があっても、皇統断絶の憂き目に遭いそうだった神功皇后、不比等の娘（人臣の出ではじめて）聖武の皇后となり、娘を皇位に就けた光明子の横暴、白河・鳥羽・後白河の専横、後鳥羽の承久の変（無謀）、後醍醐の親政断行の暴挙と南北朝の混乱、等々を山陽は一貫して、「聖断」とみなす。すなわち言う。

清盛に専横あるが、天子を敬う重盛がいる。頼朝は大権を奪ったが、天皇に手を掛けない。北条は三帝を流し、皇位継承に手を入れたが、時宗は蒙古襲来を跳ね返し、皇威・国威を守った。

……等々。

2　討幕、否である。

「王政復古」が山陽の願いだ。しかし可能か？　朝廷にも、天皇家にもそんな力（能）はない。山陽がどんなに楽天家でも、これが冷静な見立て。

清盛が政権を手中にしたのは、横暴だが、一方に朝廷の無能と失政があったゆえである。清盛の政治経済、とりわけ軍事統率力に並ぶものはなかった。

頼朝が大権を握ったのは、清盛が亡くなり、平氏政権が頭（ヘッド）を失い、四分五裂したからだ。頭の宗盛がからっきしダメだった（実は傘屋の職人の子だったからだ、という母時子の告白を載せている）からだ。

源氏は源氏で、頼朝の死後、北条氏の陰謀によって、三代で血脈が絶える。足利もほぼ三代で政治力能を使い果たし、応仁の乱を招いて、権威も権力も喪失してゆく。

それに比べて、徳川は、朝廷を敬い、皇統に手を掛けることはない（というか、そういう事跡を記さないよう山陽はこれつとめている）。

『日本外史』を見る限り、「攘夷」を高唱する場面はない。攘夷を通じて幕府を倒すなどという、構想はみじんもない。

3 「討幕」が急浮上してくるのは、井伊大老暗殺事件からだ。1860年のことで、維新まで8年。

だが山陽の眼にも、『日本外史』の叙述にも、「討幕」是認の気配をチラとも窺うことはできない。

それに山陽は21歳（1800）で「脱藩」（＝死罪）。幕府の監視が厳しく、特別のお目こぼしがなければ、死罪を免れえない。ところが4年の閉居ですむ。公儀を批判することはもちろん、倒す兆候なりを記述することさえ可能ではなかった。

1827年、山陽は楽翁（松平定信）に『日本外史』の成稿を献じた。楽翁の「題辞」をえて出版されたが、そこに、「穏当」で「中道」をえている、とある。

また「徳川正記」第5巻末尾に、家斉が太政大臣に任ぜられたとあり、「源氏・足利以来、軍職に在って太上の官を兼ねる者は独り公のみ。けだし武門の天下を平治すること、ここに至ってその盛を極むという。」とある。

ただし、頂点に奢って、緩み、一気に急坂を転げ落ちるというのも、歴史の示すところだ。山陽の「歴史」論述も同じだ。証拠もある。

山陽が没する4日前に書かれた、遺書ともいうべき『通義』（安藤英男訳）15の「内定を論ず」は、記す。

後宮から政治が崩れてゆくさまを、元明天皇（女帝、ただし元明をあげるなら孝謙＝称徳も、その母光明子もあげてしかるべきだろう）、後白河法皇と丹波局、後鳥羽天皇と任子、後醍醐天皇と廉子、そして義政や秀吉と「後宮」の乱れた関係をあげて、大河が決壊するように一挙に国が滅びる、と記している。

だとすれば、家斉の治世、まさに大奥の紊乱極に達するの観は、天下に周知のことだった。これを山陽が知らぬはずはない。だからこそ、筆を慎重の上にも慎重に進めたのだともいえる。山陽の歴史センスは、言わずもがな、はっきりと徳川治世の崩壊を予兆していた、といいたい。

＊頼山陽　1780・12・27～1823・9・23　大坂に生まれ、父が安芸藩に職を得、3歳から広島で育つ。1797～98年江戸遊学。1800年脱藩（9～11月）し、閉居。03年許され、04年廃嫡。11年京へ、私塾を開く。30年『日本楽府』出版。『日本外史』『日本政記』等は没後出版。1931年『頼山陽全書』出版。『日本楽府』には渡部昇一『甦る日本史』という貴重な解説本（全3巻）がある。安藤英男『考証 頼山陽』（1982）

『納得する日本史』　あとがき

「世界史」といわれる。東（＝チャイナ）の「歴史」は司馬遷『史記』にはじまる。ともに東西歴史の「原型」となった。西（＝ギリシア）の歴史はヘロドトス『ヒストリアイ（歴史）』にはじまる。ともに東西歴史の「原型」となった。いまだになっている。ただしこの二つ、まさに水と油だ。

では日本の歴史は「なに」にはじまるか？　『日本書紀』をおいて他にない。ではその「作者」（編纂者）は誰か？　衆目の一致するところ、藤原不比等（史　658〜720）以外にない。ちなみに、司馬遷も、不比等も、「史」官だ。

ところが、不比等は「出自」がはっきりしているのに、まるで「？」の多い人物だ。「主人」（オーナー）がいる。

父は中大兄王の「頭脳」として「大化の改新」（乙巳の変　645〜）を断行し、大和王権を長期領導してきた中臣鎌足で、死（669）の直前、藤原姓を賜っている。だが、天智が亡くなった。待っていたかのように、大海人王（→天武）が決起、「壬申の大乱」（672年7月24日〜8月21日）で勝利、近江から飛鳥に都（権力）が戻る。

日本を「二分」した「壬申の大乱」に、藤原不比等の「影」すら見ることができない。まだ、「14歳」だったからか？　しかし、すでに14歳である。

さらに14～31歳まで、政治の表舞台に藤原史の「影」すら見えない。史は、鎌足の子として、当然、天智サイドの人物として、天武時代には冷遇された、というべきだろう。

その史が、はじめて官職に名を記したのが、６８９年、「判事」職で、持統「称制」（皇族が天皇に代わって政治を執る）期で、以後、持統に「重用」される。

７１８年「養老律令」、７２０年「日本書紀」が撰進された。「日本史」は藤原不比等編纂『日本書紀』にはじまるというゆえんだ。

直後の同年8月、死去。死後、正一位、太政大臣位を贈られた、とされる。

だが不比等のもっとすごいのは、「象徴天皇」制＝「君臨すれども支配せず」という日本統治形態の「原型」を創成したことにある。それは、１４００年後の今日におよぶ。

古代篇は、奈良・藤原時代を解明する「鍵」を示すことに努めた。藤原不比等が塑像した日本の統治の「実現」形態を、次編で詳らかにできうれば幸いだ。中心は『源氏物語』にある、と寸言するにとどめよう。

最後に、『日本人の哲学』（全5巻全10部）をはじめ、わたくしに様々な形で書く機会を存分に与え続けてくださっている、言視舎の杉山尚次社長他編集者諸氏に、あらためて深甚からの謝意を表したい。ありがとう。

２０２３年9月21日

鷲田小彌太

［著者紹介］

鷲田小彌太（わしだ・こやた）
1942年、白石村字厚別（現札幌市）生。1966年大阪大学文学部（哲学）卒、73年同大学院博士課程（単位修得）中退。75年三重短大専任講師、同教授、83年札幌大学教授、2012年同大退職。
主要著書に、75年『ヘーゲル「法哲学」研究序論』（新泉社）、86年『昭和思想史60年』、89年『天皇論』、90年『吉本隆明論』（以上三一書房）、96年『現代思想』（潮出版）、07年『人生の哲学』（海竜社）、07年『昭和の思想家67人』（PHP新書〔『昭和思想史60年』の改訂・増補〕）、その他91年『大学教授になる方法』（青弓社〔PHP文庫〕）、92年『哲学がわかる事典』（日本実業出版社）、2012年～『日本人の哲学』（全5巻、言視舎）ほか、ベストセラー等多数。

本文DTP制作………勝澤節子
編集協力………田中はるか
装丁………長久雅行

納得する日本史〈古代史篇〉
「異端」かつ「正道」をゆく

発行日❖2023年10月31日　初版第1刷

著者
鷲田小彌太

発行者
杉山尚次

発行所
株式会社言視舎
東京都千代田区富士見2-2-2 〒102-0071
電話03-3234-5997　FAX 03-3234-5957
https://www.s-pn.jp/

印刷・製本
㈱厚徳社

ISBN978-4-86565-260-4 C0023